Clarify Your
Message
So Customers
Will Listen

你的顾客
需要一个好故事

［美］唐纳德·米勒◎著
（Donald Miller）

修佳明◎译

中国人民大学出版社
·北 京·

前　言

　　这本书不会告诉你如何讲好你公司的故事——那种书只会浪费你的时间。顾客一般不会关心你的故事，他们关心的是他们自己的故事。

　　故事的主人公应该是你的顾客，而不是你的品牌。这是每个获得非凡成功的企业都知道的不宣之秘。

　　本书将介绍一个由七个部分组成的框架：SB7，它将改变你讲述自己生意的方式，也许还能改变你经营生意的方式。

　　每一年，我们都帮助超过 3 000 家企业节省了它们花在市场营销上的开支，通过帮助它们清晰地阐明自己的信息促进它们成长。不论你身处哪个行业之中，这个框架对于你都是有用的。

　　为了让你从这本书中得到最大的收获，我建议你做以下三件事：

　　1. 通读这本书并理解 SB7 框架。

　　2. 用这个框架过滤你的信息。

3. 清晰地阐明你的信息，让更多的顾客聆听你的声音。

市场营销已经发生了改变。那些邀请它们的顾客步入一段英雄传说的企业获得了成长。那些不这样做的企业则被遗忘。

让我们把顾客的故事摆在我们自己的传说之上，愿我们都能因此获得丰厚的回报。

目　录

第一部分

为什么大多数的市场营销都是金钱陷阱

在乔布斯从皮克斯重返苹果公司之后，苹果公司在它的对外活动中开始变得以顾客为中心，散发着吸引力，而且思路清晰起来。乔布斯发动的第一场战役，就是把《纽约时报》上的九页广告变成了遍布全美广告牌上的一个新词：非同凡想（Think Different）。

当苹果公司开始过滤它的信息，让它们变得简单而重要时，它在绝大多数的广告中都不再介绍电脑的特点了。相反，它认识到，它的顾客都是鲜活有力、栩栩如生的主人公，于是转而对他们的故事加以利用。

第1章

被看到、听到和理解的关键

大多数企业都在市场营销上浪费了数额巨大的金钱。我们都知道，当我们把数不清的钱花在一项新的营销尝试上，却没有收获任何成果时，这种体验多么令人沮丧。当我们看到那些报告时，我们会纳闷：到底是哪里出了问题？或者更糟，是不是我们的产品没有我们认为的那么好？

可是，要是问题并没有出在产品上呢？要是问题出在我们讲述产品的方式上呢？

问题再简单不过了。我们聘请平面艺术家和设计师为我们打造网站和宣传手册，他们都拥有设计专业的学历，而且对 Photoshop 了如指掌，可是他们中有多少人读过哪怕一本教你把销售文案写好的书呢？他们中有多少人知道，要如何清晰地阐明你的信息，才能吸引你的顾客聆听呢？更糟的是，不管你能不能看到成果，这些企业都照样收你的钱。

事实上，漂亮的网站不卖货。能卖货的是讲给人听的话。而如果我们没能清晰地阐明我们的信息，我们的顾客就不会听。

如果我们把很多钱付给一家外包设计机构，而没有事先清晰地阐明我们的信息，那还不如把一只扩音器放在猴子嘴边算了——反正我们的潜在顾客能听到的，都不过是噪音而已。

话说回来，清晰阐明信息并非易事。有一位客户曾经对我说，当他努力想要阐明信息时，感觉自己就像是一个困在酒瓶里的人试图阅读瓶外的标签。我很理解。在创立"故事品牌"之前，我是一位作家。盯着空荡荡的电脑屏幕，却不知该说些什么，这种体验我经历过数千个小时。就是这种痛绞灵魂的折磨，指引着我开发出一种传播框架，而这一框架的根基正是故事的可靠力量；我发誓，那就好像发现了一个秘方一样。写作变得简单起来了。我的书卖掉了数百万册。最初，我在我的著作中使用这个框架来创作清楚的信息；后来，我又在自己的小公司里用它来过滤营销资料。在把一切厘清之后，我们在随后的连续四年里都实现了收益的成倍增长。现在，每年我都会把这个框架传授给超过 3 000 家企业。

当我们的客户把他们的信息捋清楚之后，他们都创造出高质量的网站、不可思议的幻灯片、高点开率的邮件和回应满满的销售信。为什么？因为如果你的信息不清晰，就没有人愿意听你说，而不管你在市场营销材料上的花费有多高。

"故事品牌"的客户在捋清楚那一件事——他们的信息——之后，实现了收益的两倍、三倍乃至四倍的增长。

故事品牌框架（StoryBrand Framework）对于价值数十亿美元的大品牌和夫妻小店同样有效，对于美国的企业和日本与非洲的公司也同样灵验。为什么？因为人类的大脑——不论来自世界上的哪个角落——都更亲近清晰而疏远含混。

现实的情况是，我们不仅仅要努力把我们的产品推向市场，还要用心传达出这样的信息：为什么我们的顾客在他们的生活中需要这些产品。即便我们拥有市面上最好的产品，如果我们的竞争者提供的表达更加清晰，那我们最好的产品也可能败给他们那些更差的产品。

所以，你的信息是什么？你能毫不费力地脱口而出吗？它是不是简单的、中肯的、可重复的？你们团队里的每个人都能以一种吸引人的方式复述你们公司的信息吗？新来的员工是否会收到谈话要点，并可据此描述出公司提供的产品以及每一个潜在顾客都应该购买的原因？

因为顾客无法在访问我们网站五秒钟之内弄清楚我们提供的内容，让我们错失了多少笔订单？

为什么那么多企业都失败了

为了查明为什么那么多市场营销和品牌推广的尝试都以失败告终，我给我的朋友麦克·麦克哈格（Mike McHargue）打了一个电话。麦克，人称"科学麦克"，主持了一档成功的播客节目，叫作《问问科学麦克》（Ask Science

7

Mike)。在 15 年的时间里，他使用科学的方法论，帮助许多公司厘清了自己顾客的思考方式，特别是在科技领域。遗憾的是，他如今已经告别了广告业。曾有客户要求他设计一套预测糖尿病患者购买习惯的算法，换而言之就是：他们想让他把垃圾食品卖给糖尿病患者。麦克拒绝了他们的要求，转身离开了广告业。他真是个好人。不论如何，我还是给他打了电话，因为他在市场营销、故事与行为是如何互相结合与影响的问题上仍然拥有超凡的洞见。

应我的请求，麦克飞到纳什维尔来，参加了我们的一期工作坊培训。我们先用两天的时间研习**故事品牌七部分框架**（以下简称 SB7 框架）。然后，我们坐在我家的后院门廊里，我提出了一连串的问题，向他发起了考问：为什么这个故事公式是有效的？当顾客接触到经过这个故事公式过滤后的信息时，他们的大脑中发生了什么？苹果和可口可乐这样的品牌不自觉地使用了这个故事公式并占领了市场，其背后的科学原因是什么？

"大多数市场营销资料都没有用，这不是没有原因的。"麦克一边说、一边把他的双脚举到了咖啡桌上，"他们的市场营销太复杂了，大脑不知道如何处理这些信息。传播的方式越是简单、越是可预测，大脑就越容易消化。故事之所以有用，是因为它是一套构建意义（sense-making）的机制。

从本质上来说，故事公式就是把一切都安排得井然有序，好让大脑不用多费力气，就能理解正在发生的事情是什么。"

麦克继续解释道：在大脑所擅长的不计其数的功能当中，凌驾于一切的功能就是帮助个体生存下来并茁壮成长。自始至终，人类大脑的每一项职责都涉及帮助某人以及他关心的人如何在他们的生活中获得成功。

麦克问我，还记不记得我们在高中学过的那个古老的金字塔理论，也就是亚伯拉罕・马斯洛（Abraham Maslow）的需求层次理论。他提醒我说，大脑首要的任务是建设一个系统，让我们可以吃、可以喝、可以在生理上存活下来。在我们现代的第一世界经济体中，这就意味着要找到一份工作并拥有一份可靠的收入。在此之后，大脑关心的是安全问题，这可能涉及为我们自己寻找一个安定的居所以及一种幸福和可靠的感觉，让我们不至于脆弱到不堪一击。当衣食住行得到保障之后，我们的大脑就开始思考我们的人际关系了。这种思考无所不包，从性关系引发的生育，到恋爱关系给予的滋润，再到建立一份友谊（一个族群）——但凡社会上有任何威胁出现，这份友谊（这个族群）都会坚定地站在我们身边。等到最后，大脑才开始关心更为宏大的心理、生理乃至精神需求，为我们提供一种意义层面的感觉。

麦克的提点让我理解到：人类一直在扫描他们的环境，

以获取（甚至是推广）有助于满足他们基本生存需求的信息。这就意味着，当我们滔滔不绝地夸耀自己如何拥有西海岸最大的制造工厂时，我们的顾客根本就不在乎。为什么？因为这种信息帮不到他们的衣食住行、寻找伴侣、坠入爱河、组建族群，也无助于他们体验更深刻的意义，更不能帮他们囤积武器，以防野蛮人翻越他们身后无路可通的山丘大举来袭。

所以，当我们用一大堆噪音轰炸顾客时，他们会怎么做呢？他们会对我们置若罔闻。

于是，就在我家的后院门廊里，麦克指出了很多品牌在谈论它们的产品和服务时所犯的两种关键错误。

一号错误

这些品牌常犯的第一种错误，是它们在描述自己提供的东西时，没能把焦点集中在它们有助于人们的生存与成长的那些方面。

凡是精彩的故事都在讲述生存——不论是身体上的、情绪上的、关系上的还是精神上的。除此之外，再没任何其他东西能够抓住听众的心。没人对其他的东西感兴趣。这就意味着，如果我们对于自己的产品和服务的定位不是帮助人们生存、成长、获得认可、找到爱情、成就一种志存高远的身份，或者与一个能在身体和社会层面保护自己的族群联合，那么不管我们的定位是什么，要想把东西卖出去，都只能祈求老天保佑了。人们关心的只有这些事。这是颠扑不破的真相，如假包换。而若是我们选择不去相信这个事实，对它视而不见，那就等着破产吧。

据麦克所说，我们的大脑在始终不停地梳理信息，所以我们每天都要舍弃数百万个无用的事实。如果我们要在一个巨大的舞厅里度过一个小时的时间，我们的大脑绝不会想到要去数一数房间里有多少把椅子。而与此同时，我们总是知道安全出口在哪里。为什么？因为我们的大脑要想维持生存，没必要知道房间里有多少把椅子，可万一房间失火了，知道安全出口在哪儿却能帮上大忙。

在我们不知道的情况下，我们的潜意识总是在对信息进行分类和组织；而当我们公开谈论自己公司那些随机的背景故事或者内在目标时，我们就把自己定位成了椅子，而不是安全出口。

"这就导致了一个问题。"麦克继续说，"处理信息需要大脑燃烧卡路里。而燃烧太多的卡路里恰恰违反了大脑的首要职责：帮助我们生存和成长。"

二号错误

这些品牌常犯的第二种错误，是让顾客在努力理解它们所提供的产品时燃烧了太多的卡路里。

当人们不得不处理太多看起来充满随机性的信息时，他

11

们便会开始忽略那些无用的信息，好节省自己的卡路里。换句话说，顾客的大脑里有一种设定好的生存机制，一旦我们开始让他们感到困惑不解，这种机制就会把我们的信息屏蔽掉。

可以想象，每当我们向潜在顾客介绍我们的产品时，他们都不得不开始在一台跑步机上跑步——就是按字面的意思：在我们说话的整个时段里，他们都得不停地跑步。你觉得他们能保持多久的注意力呢？不会太久。而这正是实际发生的情况。当我们开始电梯游说或者主题演讲时，或者当某个人访问我们的网站时，这类听众或访问者要消耗卡路里才能处理我们分享的信息。而如果我们没有（很快地）说到某种他们可以用来生存或者成长的东西，他们就会把我们屏蔽掉。

由上可以总结出两个事实：人们寻找的是能够帮助他们生存和成长的品牌；传播必须简单。这两个事实解释了 SB7 框架何以帮助那么多企业提升了它们的收益。关键就是，要让你的企业传播的消息与某种有助于顾客生存的东西有关，还要用一种能让他们无须燃烧太多卡路里就能理解的方式来传播。

故事前来相救

我们需要组织信息，好让人们无须燃烧太多的卡路里。

在这一点上，麦克认同故事是我们可以借助的最有力的工具。如他所说，故事是一种构建意义的装置，它定义了一种必要的野心，明确了阻止我们达成野心的诸般挑战，并提供了一套帮助我们克服那些挑战的方案。当我们定义了与我们的品牌相关的故事元素时，我们就为顾客制作了一张地图，让他们可以按图索骥，接受我们的产品或服务。

话虽如此，可每当我同企业领导者谈及故事时，他们总是立即把我归入艺术家的行列，以为我想要给他们介绍的是某些异想天开的东西。但是，我想要说的东西并非如此。我所讲的是一个具体的公式，我们可以用它来收拢原本极易分散的顾客注意力。我所讲的是我们可以采用的实践步骤，它们能保证人们看到我们、听到我们，并且精确地理解为什么他们必须接受我们的产品或服务。

实现清晰传播的公式

公式就是最佳实践方案的总结，而我们之所以喜爱公式，就是因为它有效。我们已经掌握了一些绝妙的管理配方，如肯·布兰查德（Ken Blanchard）的情境领导理论（Situational Leadership）。我们还有一些可以用于生产的公式，如六西格玛（Six Sigma）和精益生产（Lean Manufacturing）。可是，传播的公式在哪儿呢？如果有这样一个公式，我们能用它有效地解释我们的企业为世界提供的东西是什么，那么我们为什么不能拥有这个公式呢？

故事品牌框架就是这个公式。我们知道，这个公式是有效的，因为它的某些形式已经运转了上千年，一直在帮助人们讲好故事。这个公式就是一套最佳实践方案的总结。当需要集中人们的注意力时，这个公式就是你最有力的助手。

一旦掌握了公式，你就能预测大多数故事发展的路径。我对这个公式太熟悉了，以至于我的妻子都不愿意跟我一起去看电影，因为她知道，在某个时刻，我会用胳膊肘轻轻捅她一下，然后低声耳语，说出这样的话："那家伙会在 31 分钟之后死掉。"

故事公式揭示出人类大脑中一条久经踩踏的路径，而如果我们想要把企业经营下去，就需要沿着这条旧路安放我们的产品或服务。

如果你打算继续读这本书的话，我不得不提醒你：我将毁掉你观看电影的乐趣。我的意思是，这些东西真的都是套路，它们是可以预测的。而且它们之所以能够预测，不是没有理由的。讲故事的人早已琢磨清楚，如何才能在两三个小时内保持住观众的注意力。

好消息是，这些公式不但在取悦观众方面百试不爽，对于企业业务的提升同样有效。

关键在于清晰

来自公司（以及公司内部）的叙事必须清晰明确。对于一部电影而言，观众必须永远清楚：谁是主人公；主人公要做什么；主人公必须打败谁才能得到他想要的东西；如果主人公没有获胜，将会发生什么悲剧；而如果他获胜了，又将发生何种美妙之事。如果观众无法搞清楚这些最基础的问题，那么他们就会起身离场，这部电影也将损失上百万的票房。违背了这些法则的编剧，很可能就此永久失业。

同样的道理也适用于你的品牌。在顾客的内心里，有问题在燃烧，如果我们不去回答这些问题，他们就会掉头转向其他品牌。比如说，如果我们没有识别出顾客想要的东西，没有确认我们要帮助他们解决的问题，也没有明确说明在选用我们的产品或服务后，他们的生活会变成什么样子，那我们就不必想着在市场上大有所为了。不管我们是在编写一则故事还是试图卖出产品或服务，我们的信息都必须清晰而明确，永远都是如此。

事实上，我们的"故事品牌"有这样一句箴言："不清不楚，不战即输。"

做生意有一个敌人

做生意有一个凶恶而狠毒的敌人，如果不认出它并与它战斗，它就会把我们的公司搅得面目不清、一团混乱。我说的这个敌人，就是噪音。

噪音杀害过的想法、产品和服务，比税收、经济衰退、法律诉讼、不断攀高的贷款利率乃至低劣的产品设计都要多得多。我不是说存在于企业内部的噪音；我说的是，我们把它当作生意而制造出来的噪音。我们通常所谓的市场营销，实际上只是散布在我们的网页、电子邮件和商业广告之中的喧嚣与混乱，而我们居然还为此付出了数百万美元的代价。

几年前，一位故事品牌的客户在参加我们的一期工作坊培训时打起退堂鼓。"我觉得这对我没用。"他说，"我的业务太分散了，没办法精简成一条简单的信息。"我请他为我解释一下。

"我开了一家工业涂装公司，有三处不同的利润来源。在一个分部，我们为汽车配件进行粉末喷涂。在另一个分部，我们为混凝土加密封剂。在第三个分部，我们的利润来源是医院专用的灭菌喷涂工艺。"

他的业务是很分散，但不至于复杂到无法通过简化的方式让更多的人与他签约。我征得他的同意后，把他的网站投放到了大屏幕上，好让整个工作坊都能看见。他的网站很有想法，可是从一个外部人士的视角（这正是每个顾客审视你的生意的角度）看来，它并没有呈现出太多的意义。

这位老板请一位知名画家创作了一幅展示他们大楼的美术作品，挂在网站上（他是在卖楼吗？）。第一眼看上去，这个网站就像是一家意大利餐馆开的。当我点开这个网站时，我问的第一个问题是："你们供应免费的面包条吗？"网页上有上千条链接，从联系方式到常见问题解答，再到公司历史的时间轴，甚至链接到了这家企业支持的非公益项目。该网站仿佛是在回答顾客从来不会提出的上百个问题。

根据我的建议，这位老板把整个网站清理干净，只换成一幅图像：一个穿着实验室白大褂的男子正在一行文字的近旁喷涂着一些什么东西，那行文字是"我们喷涂所有种类的S＃＊％"。除此之外，只在网页中央设置一个按钮，上面标示"点此询价"。我对班上的同学说，如果谁认为这样做能让他的生意有所增加，就把手举起来。结果，班上所有人都举起了手。

他的生意当然会增长。为什么？因为他终于不再强迫客户燃烧卡路里来思考有关他的人生和生意的事情了，而且提供了顾客所需的答案：一名喷涂师。

我们认为，我们对顾客所谈的东西跟我们的顾客真正听到的东西是两回事。顾客做出购买决策的依据并不是我们说了什么，而是他们听到了什么。

别再说那个了

所有经验丰富的作家都知道，创作好作品的关键不在于他们说了什么，而在于他们没说什么。我们砍掉的东西越多，剧本或著作就越好。数学家兼哲学家布莱士·帕斯卡（Blaise Pascal）常为人津津乐道的一件轶事，就是他曾写过一封很长的信，来陈述自己实在没有时间写一封短信了。

如果我们想要与顾客建立联系，我们就不得不停止用噪音对他们狂轰滥炸。

使用 SB7 框架清晰地阐明我们的信息，这其中的美妙之处就在于：它会让传播变得简单起来。你还记得自己坐在一张空白的页面前一筹莫展的状态吗？不知道要在你的网站、电梯游说、群发电子邮件、脸书广告乃至电视或广播广告中说些什么——这样的状态再也不会出现了。

清晰地阐明你的信息

不管我们经营的是一家小公司，还是一个价值数十亿美元的品牌，但凡让顾客感到困惑，我们就是在浪费自己的金钱。我们的团队成员里，有多少人解释不清我们该如何帮助顾客生存和成长？有多少人购买我们的竞品，是因为竞争对手的传播方式比我们更加清晰？如果我们一如既往地谈论我们产品中顾客毫不关心的那些方面，我们的企业还能维持多久？

事情可以不一样。

为了清晰地阐明我们的信息，我们需要一个公式——一个真正的公式。这个公式能够组织我们的思路、缩减我们的运营努力、消除含混之处、震慑竞品，最终让我们的生意再度蒸蒸日上。

下面，我们来认识一下这个公式。

第 **2** 章

让你的业务蓬勃发展的
秘密武器

为了助你提升企业的业务，我将引导你把信息简化成七个类别的新闻原声式摘要。一旦掌握了下面这七种信息，你在谈论自己的品牌时所产生的任何焦虑都会消散，顾客也将更容易被你所提供的东西吸引。我们要弄清楚顾客的故事，并把他们摆在这个故事的正中心。

故事是富有原子能般的能量的。这种能量是永恒的，可以维持一座城市的运转。故事是唯一能让一个人的注意力集中几个小时的东西。

没人能把目光从一个好故事上移开。事实上，神经科学家称，平均而言，人类把超过 30% 的时间都花在了做白日梦上……除非他们正在阅读、聆听或者观看一个情节渐次展开的故事。为什么？因为当我们投入一个故事中时，那个故事代表的就是我们所做的白日梦。

故事是我们拿来与噪音进行搏斗的最佳武器，因为它用一种特殊的方式把信息组织起来，让人们不得不侧耳倾听。

故事把噪音编织成音乐

生活在纳什维尔的我，对于音乐与噪音之间的差别再熟悉不过了。我在这里结识的朋友们，有接近一半的人都是音乐家。我总是为他们的天份感到惊叹。要是在一场晚宴上，没有人随手抓起一把吉他来演奏，才是千年不出的怪事。

我大可以把我认识到的音乐与噪音之间的差别简单地归纳为：我的朋友们创作音乐，而我制造噪音。可是，正经地说，这里面其实牵涉到某些复杂的科学原理。

从严格的意义上说，音乐和噪音是相似的。它们都是由震动鼓膜的运动声波所制造的。可是，音乐是一种遵循特定法则的噪音，允许大脑在一个不同的层面上活动。如果我为你播放一段垃圾车倒车、虫儿鸣鸟儿叫或者孩子嬉笑的录音，你第二天就会把这些声音忘得一干二净。可是，如果我给你播放的是一首披头士的歌，你可能会在接下来的一周里不停地哼唱它的曲调。

一首精心编排的乐曲和一只猫穿过风铃工厂追逐老鼠时带出的声音，显然有所不同，而后者就相当于一般的企业网站、主题演讲或者电梯游说。

大脑记住音乐而忘记噪音，正如大脑会记住某些品牌而忘记另外一些品牌。

故事和音乐是类似的。一则好故事能把一系列的随机事件过滤出真正的精华。一部电影的精剪版本之所以被称为精剪，是有理由的。在投入影院放映前，一部影片要经过数轮反复的编辑、取舍、修改和删节。有时候，整个角色都会被一刀砍掉。为什么？因为讲故事的人要启用过滤器来剪除噪音。如果一个角色或者一场戏对情节没有助益，那么就必须弃之不用。

当客户想要往他们的营销信息中添加一些混淆因素时，我会让他们想一想：如果他们是在写一个剧本，这么做会带来什么后果？我的意思是，假若《谍影重重》（The Bourne Identity）这部电影不仅讲述了一个名叫杰森·伯恩的特工寻找自己真实身份的故事，还包含了伯恩努力减肥、迎娶一位姑娘、通过律师资格考试、在《危险边缘》（Jeopardy）节目中胜出并领养了一只猫的戏码，那么这部电影会变成什么样？观众恐将意兴阑珊。当讲故事的人以过多的信息轰炸观众时，观众就会被迫燃烧过多的卡路里，来对大量的数据进行组织。结果就是，观众会走神去做白日梦，甚至会踱出影院；而如果把场景换成数字营销，他们则会拒绝下单，转而去点击另一个网址。

为什么那么多品牌都在制造噪音，而不是在创作音乐呢？因为那些品牌商没有意识到自己在制造噪音——他们真心以为人们会对他们分发的随机信息很感兴趣。

这正是我们需要一个过滤器的原因。塑造品牌的要义就是要创造简单而重要的信息，我们可以颠过来倒过去地重复它，以此把我们的品牌刻入公众的意识之中。

史蒂夫·乔布斯和苹果的信息

当史蒂夫·乔布斯开始用故事的透镜过滤他的信息时，苹果公司才真正迎来了翻天覆地的发展。乔布斯的思想转变，发生在他（联合创始并）与天赋满满的讲故事工厂皮克斯合作之后。从职业的讲故事者的重重包围中回到苹果公司后，乔布斯意识到：故事决定了一切。

我们不妨回顾一下，在皮克斯时代之后，乔布斯的生活和职业生涯中发生的那些不可思议的转变。1983 年，苹果公司推出了它的 Lisa 电脑，这是乔布斯离开苹果前执行的最后一个项目。乔布斯在《纽约时报》上发布了 Lisa 的广告，在九页的篇幅里详尽地阐述了这款电脑的科技特征。这九页全都是极客的自说自话，除了 NASA 之外没有人会感兴趣。这款电脑遭遇了惨败。

在乔布斯从皮克斯重返苹果公司之后，苹果公司在它的对外活动中开始变得以顾客为中心，散发着吸引力，而且思路清晰起来。乔布斯发动的第一场战役，就是把《纽约时报》上的九页广告变成了遍布全美广告牌上的一个新词：非同凡想（Think Different）。

当苹果公司开始过滤它的信息，让它们变得简单而重要时，它在绝大多数的广告中都不再介绍电脑的特点了。相反，它认识到，它的顾客都是鲜活有力、栩栩如生的主人公，于是转而对他们的故事加以利用。它做到这一点，是通过以下做法：

（1）识别出顾客想要什么（被看到与被听见）；

（2）确定顾客面临的挑战（人们认识不到他们潜在的天分）；

（3）为顾客提供一种可以用来表达自己的工具（电脑和智能手机）。

以上每一点的实现，都是古老的讲故事技巧的支柱，对于与顾客建立关系而言至关重要。

在后面的章节里，我会把这三个支柱以及更多相关的东西教给你，但现在你只需要认识到：苹果公司花在澄清自己在顾客的故事中所扮演的角色上的时间，是促成它飞速成长的一个首要因素。

此外，还需要注意的是，苹果的故事并非关于苹果，它是你的故事。你才是故事里的主人公，而乔布斯等人扮演的角色更像是 007 电影里的 Q：当你需要一个助力来帮助你获得胜利时，他们就是你需要拜访的人。

不管"拜苹果教"的信徒们怎么说，苹果公司很有可能并没有生产出最好的电脑或手机。当然，"最好"是一个主观的判断，但苹果公司是不是拥有最好的技术，确实仍有讨论的余地。

但是，这都不重要。人们购买的不是最好的产品，他们购买的是他们可以最快理解的产品。没有任何一家科技公司能够像苹果那样把自己植入它的顾客的故事当中，结果就是：苹果不但成为最大的科技公司，而且在所有类型的公司排名中都跻身前十。① 如果我们想要自己的公司也发展壮大，就该从它的战术手册中借鉴一二。我们应该清晰地阐明我们的信息。

故事可以让你的企业成长

为了更好地理解史蒂夫·乔布斯在他的皮克斯岁月里学到的东西，让我们在下面几页里暂且摘掉生意的帽子，假装我们正在首次学习有关故事的知识。一旦你理解了如何把故事与你的品牌信息整合在一起，你就将有能力创作出吸引更多顾客并让企业成长的传播文案（甚至品牌策略）。而且如果你真的做到了这一点，办公室里里外外的人都会满心纳闷：你究竟是如何变成这样一位市场营销天才的？

我研究了数百部电影、小说、戏剧和音乐剧，涵盖了几乎所有想象得到的艺术类别，自己还写了八本书，并创作了一部全国公映的剧本。在这之后，我终于把一个引人入胜的故事所必备的元素缩减为七个基本情节点。当然，如果我们正在创作一部完整的剧本，必然需要更多的点；可如果我们的目标只是理解并进入顾客的故事当中，只要这七个就够了。

一言以蔽之，故事就是……

一言以蔽之，你看到或听到的每一个故事几乎都是如此：一个想要某物的**人物**在得到该物之前遇到了一个**问题**。在他几近绝望的时刻，一位**向导**步入了他的生活，为他提供了一套**方案**，并召唤他采取**行动**。这场行动帮助人物避免了**失败**，最终获得**成功**。

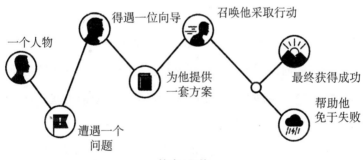

故事/品牌

真的就是这样。从此以后，你几乎在每一部电影里都将发现这一结构的某种形式。这七个基本情节点就像音乐和弦一样，你可以用它们创造出变化无穷的叙事表达。正如弹奏吉他一样，你可以用这七种和弦编写出无数首歌曲。而这些和弦的变调若是太过离谱，则意味着你将面临歌曲变成噪音的风险。

让我们来看看，在我们熟悉的几个故事中，这个简单的框架是如何展开的。当你能够从这些故事中识别出这个框架时，你就会开始明白：你的品牌故事到底哪里没有遵循这个框架，以至于让顾客摸不着头脑。

在《饥饿游戏》（*Hunger Games*）系列电影的第一部里，凯特尼斯·伊夫狄恩必须参与一场扭曲的不死不休的比赛，这是由一个名为都城凯匹特（Capitol）的邪恶专制政府强迫施惠国（Panem）人民展开的竞争。她面临的问题很明显：要么杀死别人，要么被人杀死。凯特尼斯束手无策，毫无准备，而且寡不敌众。

接着，黑密斯出现了。他是一个傲慢轻浮、嗜酒如命、头发花白的前饥饿游戏锦标赛冠军。黑密斯接下了凯特尼斯导师的角色，帮助她策划了一个赢得大众欢心的方案。这为凯特尼斯赢得了更多的赞助者，从而为她争取到了更多的战斗资源，提高了她胜出的概率。

下面是在故事品牌网格中展开的《饥饿游戏》第一部的故事。

在《星球大战：新希望》（*Star Wars：A New Hope*）中，我们那位不情不愿的主人公卢克·天行者经历了一场令人痛心疾首的悲剧：他的伯父和婶娘在邪恶帝国的导演下被

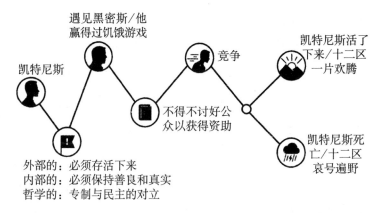

外部的：必须存活下来
内部的：必须保持善良和真实
哲学的：专制与民主的对立

谋害身亡。这引发了一系列的事件：卢克踏上征程，决心成为一名绝地武士（Jedi Knight）并摧毁帝国的战斗基地死星，这么做则可以为反抗军争取到逃脱覆灭厄运的机会，并可来日再战。欧比旺·肯诺比作为导师出现，他以前是一名绝地武士，而且曾经训练过卢克的父亲。

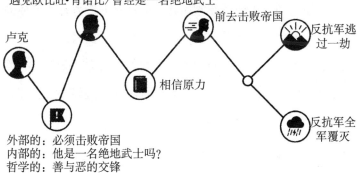

外部的：必须击败帝国
内部的：他是一名绝地武士吗？
哲学的：善与恶的交锋

　　并不是每一个故事都遵照这种模式，但是绝大多数都是。有些作家会引入多名向导，还有一些把向导拿掉了（这么做通常会对故事造成伤害），除此之外，这个公式几乎在你见过的每一个故事中都能成立。

你在影院观看的几乎每一部电影都包含了这七种元素，这一事实本身就意义非凡。在经过了数千年的洗礼后，世界各地的讲故事者同时认可了这个公式，把它作为最佳实践的工具。简言之，这个框架就是叙事传播的山峰。我们偏离这七种元素越远，就越难吸引观众投入故事中。这就是很多为赢得影评人称赞而打破这个公式的独立电影票房总会惨败的原因。批评家们嗜好别出心裁的东西，可是，并非专业电影研究人员的大众只对那些容易投入的故事趋之若鹜。

有些品牌（以及某些编剧）似乎打破了这个公式而仍大获成功，表面看来，这或许不假，可是当你仔细研究后就会发现，事情的本来面目并非如此。真正有创造力且才华横溢的营销者和编剧知道如何在使用这个公式的同时避免陈词滥调。在我看来，这正是他们的天才之处。当你对 SB7 框架驾轻就熟之后，再去使用它时，就几乎很难有人能察觉得到了。

三个至关重要的问题

那么，我们如何才能让我们的企业所讲的故事变得清晰起来呢？

记住，我们在生意上面对的最大敌人，跟好的故事面对的最大对手是同一位：噪音。任何时刻，在我们需要暂停观看一部电影的时候，都不应该回答不出下面这三个问题：

1. 主人公想要什么？

2. 谁或者什么在妨碍主人公获得他想要的东西？

3. 如果主人公真的（或者没有）得到他想要的东西，他的生活会变成什么样子？

如果你在看一部电影的时候做起了白日梦，很可能是因为你没办法回答上面这三个问题；或者更糟，你根本不在意你看的是什么。这么说吧：如果在一部电影的头 15～20 分钟里，这三个问题还是不能得到解答，那么这个故事就已经沦为噪音，而且几乎肯定票房惨淡了。

在故事品牌的团队中，我们的持证导师（certified guides）经眼过数千份跟顾客的故事毫无关系的营销文案。当我们写剧本时，我的电影制作人朋友们告诉我的那些话，我们又原封不动地讲给了我们的客户听：凡是对情节没有助益的东西，都必须舍弃。仅仅是一句听起来很棒的宣传语或者一幅吸引人眼球的网站图片，并不能帮我们走进顾客的故事。在我们写下的每一行文字里，我们若非在推进顾客的故事，就是在走向含混；我们若不是在创作音乐，就定是在制造噪音。

没有人会记住一个制造噪音的公司。

你的市场营销通过嘟囔测试了吗？

观众要想投入一个故事中，必须能够回答出前面三个问题；与此类似，如果我们期待顾客选择我们的产品，也有三个问题是必须能让顾客回答出来的。而且，他们应该在看到我们的网站或者营销材料的前五秒钟之内，就能回答出下面这些问题：

1. 你提供的是什么？
2. 它如何让我的生活变得更好？
3. 我要购买它，需要怎么做？

我们把这称为通过嘟囔测试。评判依据的是这样一个问题："一个穴居人在看到你的网站时，能马上嘟囔出你提供的东西吗？"

试想：一个人穿着熊皮 T 恤衫，坐在洞穴里的火堆旁，大腿上架着一台笔记本电脑——他正在浏览你的网站。他能够嘟囔出上面三个问题的答案吗？如果你是一家阿司匹林生产公司，他能够嘟囔出"你卖头疼药，让我好得快，我可以在沃尔格林（Walgreens）买"吗？如果不能，你就很可能在销售上遭遇失败。

清晰产出结果

我的一位早期客户凯尔·舒尔茨（Kyle Shultz），曾经是俄亥俄州的一名消防员。他之所以关注故事品牌，是因为他想辞掉工作，实现自己教授摄影技巧的愿望。他在不久前开了一门针对家长的在线摄影课程。全美各地的妈妈都把自己的基础款相机放在废弃了的抽屉里，因为她们觉得它太复杂了；凯尔下了很多苦功，设计出一套极好的视频训练课程，让她们终于得以拿出相机使用起来。他的收入还算过得去。第一次发布的课程让他收到 25 000 美元。他高兴坏了。可是，这些钱还不足以让他辞掉自己的工作，全职投入摄影教学当中。

在凯尔订阅了"打造一个故事品牌"播客之后，他开始思考自己传递的信息是不是太含混了。他在第二次发布课程的前一晚购买了我们的在线课程，使用 SB7 框架编辑了他的网站。事实上，他移除了自己之前挂在销售页面上 90％ 的文字，还改掉了如"光圈分档"和"景深"这些内行术语，换成了像"拍出那些背景模糊的漂亮照片"这样的表达。

第二天，凯尔群发了一封邮件，收件人列表跟他六个月之前的联系人没什么不同。他又推送了一次自己的课程。他没有期待太多，因为他已经向这个联系列表里的人销售过一次课程了，可是令他惊讶的是，这套课程又售出了价值103 000美元的注册量。

哪里不一样了呢？他强调了他的课程帮助家长不断成长的方面（组建更强的族群、强化家庭纽带、与生命更伟大的意义产生更深刻的联系），而他做到这一点的方式格外简单（在他的销售页面上使用了不到300个单词），让人们不必燃烧卡路里就能弄清楚自己可以获得的东西。一夜之间，他从一团乱麻变成了他的顾客故事中一位面目清晰的向导。

如今，凯尔早已辞掉他的工作，全职经营舒尔茨摄影学校网站。他每天都会从家长那里收到邮件——感谢他帮助他们为自己给孩子拍的照片感到幸福。

我们需要一个过滤器

阿尔弗雷德·希区柯克（Alfred Hitchcock）把一个好的故事定义为"把无聊的部分剔除以后的生活"[②]。好的品牌营销同样如此。我们的公司当然是复杂的，但是一个好的信息过滤器将筛掉所有那些让顾客感到无聊的东西，并让我们全力以赴地传达我们的品牌将如何帮助顾客生存和成长。

那么，我们怎么才能得到这些信息呢？很简单。我们使用与讲故事者所用的相同的网格来勾勒顾客的故事，然后，在关于他们生活的七个重要范畴中，用清晰而精练的陈述把我们自己定位为他们的向导。当我们做到这一点时，我们就成了帮助他们战胜挑战从而获得自己想要生活之人。

在我们开始通过 SB7 框架过滤我们的信息，并把它作为传播的过滤器之后，我们就能够一遍又一遍地重复有力的信息，把我们作为品牌塑造到顾客的故事当中。

SB7 框架是简单、有趣而有效的，当你完成后，你的整个品牌信息都将浓缩在一页纸上。我们把这一页纸（事实上，这是我打算推荐给你的一款应用）称为故事品牌的品牌脚本（StoryBrand BrandScript）。

在完成了整个过程之后，可以使用你的品牌脚本创作出各式各样改进后的营销内容，而你也将在市场上获得更加清晰的定位。当顾客终于理解你如何能够帮助他们在一个美妙的故事中如意生活之时，也就到了你的公司发展壮大之日。

接下来，就让我们亲眼看一看这个故事品牌框架。

第**3**章

简洁版 SB7 框架

在本书的后面部分，我将深入讨论 SB7 框架，为你展示每一种重要的信息类别是如何让你的品牌吸引顾客的目光的。但是现在，先让我们匆匆浏览一下这个框架，好让你能够先有一个总体上的了解，看看它在简化你的营销方案和信息编写工作方面可以做的一切。

故事品牌框架

1. 一个人物

 故事品牌原则之一： 顾客（而非你的品牌）是主人公。

SB7 框架中一个主要的范式转型就是，让顾客而非你的品牌成为故事的主人公。当我们把顾客放在主人公的位置上，而把我们自己放在向导的位置上时，我们就会被认可为一种可以帮助他们克服困难的、可信赖的资源。

在故事中把顾客摆在主人公的位置上，并不仅仅是种礼貌，也是会做生意的表现。传播专家南希·杜阿尔特（Nancy Duarte）深入地研究过如何创作一份有力量的报告。她推荐给她的客户的策略很简单：当你在发表演讲时，把自己定位为尤达大师（Yoda），而把你的听众定位为卢克·天行

41

者。[①]这是一次小而有力的转型，把光荣的旅程留给听众，而把我们自己定位为一个为听众提供其成长必需的智慧、产品和服务的引路人。

一旦认定了顾客的身份，我们就必须搞清楚他们想要的与我们的品牌有哪些关系。主人公想要得到什么东西，这是所有故事的助推剂。故事余下的部分，就是一场发现主人公最终是否得到他想要之物的旅程。

除非我们能识别出顾客想要的东西，否则他们永远都不会被我们所讲的故事吸引。随后，在我们进一步探索故事品牌框架的第一个元素时，我将告诉你为什么以及如何用故事吸引顾客，好让他们想要关注你的品牌。

2. 遭遇一个问题

 故事品牌原则之二：企业倾向于出售外部问题的解决方案，顾客购买解决方案则是为了解决内部问题。

就其最纯粹的形式而言，一则故事总是开始于一个生活在宁静与安稳之中的人物。突然，那种稳定性被打破了：炸弹爆炸、某人遭到绑架或者发生了一场灾难。于是，主人公踏上征途，去寻回他曾拥有的那种安宁生活。

顾客被我们吸引的原因，跟主人公被拉入故事当中的原因是一样的：他们想要解决一个问题，那个问题或多或少地扰乱了他们原本平静的生活。如果我们出售的是草坪护理产品，那么他们之所以寻求我们的帮助，是因为他们为自己的草坪感到丢脸，或者他们干脆没时间干这个活儿。如果我们出售的是财务咨询服务，那么他们之所以寻求我们的帮助，可能是因为他们担心自己的养老金方案有问题。这可能没有詹姆斯·邦德向 Q 讨要最先进的高科技间谍武器那样戏剧化或者诱人，但是二者的前提却是一致的：我们的顾客遇到了麻烦，他们需要帮助。

通过谈论顾客面临的问题，我们加深的是他们对于我们所提供的每样东西的兴趣。

然而，大多数品牌都忽略的是，顾客面对的问题有三个层面。在故事中，主人公遭遇的是来自外部、内部和哲学层面的问题。为什么？因为这正是人类在日常生活中每天都要面对的三个层面的问题。几乎所有的公司都在努力兜售外部问题的解决方案，可是随着我们对于故事品牌框架的展开，你将逐渐了解：为什么顾客在解决他的内在困扰上拥有强烈得多的动机。

在故事品牌框架的第二部分，我们将把目光落在顾客遇到的三个层面的问题上，并创作出用于解决这些问题的信息。理解和处理顾客面对的三个层面的问题，有助于我们作出一种品牌承诺，由此与顾客在一个本能的层面和他们最深的需求点上建立联系。这反过来也能帮助我们与顾客形成亲密的关系，从而培养出充满热情的品牌传道士。

3. 得遇一位向导

 故事品牌原则之三： 顾客不是在寻找另一位主人公，而是在寻找一位向导。

如果一则故事里的主人公能够解决他自己的问题，那他从一开始就不会陷入麻烦当中。正因为如此，几个世纪以来的讲故事者都创造了另外一种人物，来帮助主人公取胜。与不同的学者谈及这个人物，你会听到不同的名称，而我们在故事品牌这里使用的术语就是"向导"（the guide）。

在汤姆·霍珀（Tom Hooper）执导的奥斯卡获奖影片《国王的演讲》（*The King's Speech*）中，国王乔治六世为了克服口吃的毛病，进行了艰苦的抗争。当时，英国正在准备与德国开战，英国人寄希望于从他们的领袖那里获得信心和方向。绝望之下，国王乔治六世向莱昂纳尔·罗格寻求帮助。这位由戏剧家转型的语言治疗学专家为国王提供了一套方案，训练他的演讲能力，并助他成为一名有力的演讲者。同样的服务，在《星球大战》中是由欧比旺（和尤达大师）为卢克·天行者提供的，在《饥饿游戏》中是由黑密斯为凯特尼斯提供的，而且从某种程度上来说，在《头脑特工队》（*Inside Out*）中，也由冰棒为乐乐提供过。

　　向导的角色几乎在所有的电影里都会出现，这绝非偶然。差不多每个人类个体都在寻找一个（或多个）能帮助自己走向成功的向导。

　　那些把自己定位为主人公的品牌在不知不觉之中与它们潜在的顾客展开了竞争。每个人在每天早晨睁开眼睛时，都是在透过主人公的镜头来看这个世界。不管我们是多么无私、慷慨和利他主义的人，世界总是围着我们打转。毫不夸张地说，每一天的意义就在于我们与我们的世界相遇的方式。潜在的顾客对他们自己的感觉亦是如此。他们是他们的世界的中心。

　　如果一个品牌在现身时把自己定位为主人公，顾客就会与其保持距离。当听到我们讲解自己的生意有多么棒时，他会开始怀疑我们是不是在跟他竞争稀缺的资源。他潜意识中的思维模式是这样的：噢，这是另一位主人公，跟我一样。我希望我有更多的时间听他们的故事，可是眼下，我正在忙着寻找一位向导呢！

　　在故事品牌框架的第三部分，我们将详细探究两种思维触发器，它们可以让顾客把我们认作他们一直都在寻找的那位向导。

4. 为他提供一套方案

 故事品牌原则之四：顾客信任手握一套方案的向导。

走到这一步，我们已经认清了顾客想要的东西，确定了他遇到的三个层面的问题，而且把我们自己定位为他的向导。我们的顾客会因为这些努力而赞赏我们，可是他仍然没有买单的打算。为什么？因为我们还没有规划出一套他可以采用的行动方案。

进行购买是重大的一步，特别是当我们的产品或服务的价格十分昂贵的时候。所以说，顾客寻求的是我们规划出来的一条清晰的路径，为他排除一切可能产生的关于如何与我们做生意的困惑。我们用来创造这条路径的故事品牌工具，名为**方案**。

几乎在每一个故事里，向导都会给主人公提供一套方案，或者是一份重要信息，又或者是主人公可以借以完成任务的行动步骤。在《星球大战》系列电影中，尤达大师先是告诉卢克要相信原力，然后又训练卢克，教他如何运用这种力量。人们寻求的是一种可以具体化的哲学或者一系列可以解决问题的步骤。

在故事品牌框架的第四部分，我们将仔细审视两种类型的方案：协议方案（agreement plan）和过程方案（process plan）。这两种方案都可以赢得顾客的信任，并为他提供一条通向稳定性的清晰路径，从而大大提高他的购买率。

5. 召唤他采取行动

 故事品牌原则之五：除非受到激励，否则顾客不会采取行动。

在故事中，人物不会自发地采取行动。他必须受到激励才行。如果在我们讲的故事里，一个需要减重 30 磅的男人突然出于自己的意志而决定开始减肥，那么听众将纷纷离场。为什么？因为这不是生活本来的样子。任何行为都需要一个理由。我们的人物一定得邂逅某个高中时代的心仪对象，而她现在刚好是个瑜伽教练；要不然的话，他就需要输掉一次打赌，而赌注是跑完一次马拉松。人物只有在接受来自外部力量的激励之后才会采取行动。

这项原则之所以在故事中成立，是因为它在生活中也成立。只有当人们从故事中得到了激励，他们才会采取行动，

你要是知道有多少家公司没能给出召唤顾客行动的明确呼声，定会大吃一惊。对于行动的召唤需要传播出一种清晰而直接的步骤，让顾客可以循此迎接他的挑战，回归安宁的生活。没有对于行动的清晰召唤，人们就不会接受我们

的品牌。

在故事品牌框架的第五部分，我将为你展示两种召唤行动的类型，它们已经成功地帮助过上千名客户了。一种是直接式的行动召唤，邀请顾客进行购买或者确定预约。另外一种是转化型的行动召唤，旨在推进我们与顾客的关系。一旦我们开始在发送信息时同时使用两种召唤行动的方式，顾客就能精确地理解我们想要他们做什么，并决定是否让我们在他们的故事中扮演一个角色。在我们召唤顾客采取行动之前，他们都只是在观望；但是，当我们召唤他们（以正确的方式）采取行动时，他们就会投入进来。

6. 帮助他免于失败

 故事品牌原则之六： 每个人都在努力避免悲剧的结局。

故事的生与死只悬于一个问题：有什么利害得失？如果没什么可以得到或者损失的东西，就没有人会关心。主人公将拆除炸弹，还是人们将惨遭横死？那位哥们儿将追到女孩儿，还是在自我怀疑中孑然一身？这些才是一个对故事饥渴的听众心里想问的问题。

如果在一个故事里没有什么利害得失，那么也就没有故事可言。同样，如果我买或者不买你的产品，其中也没有什么利害得失，那么我就不会购买你的产品。说到底，我凭什么要买呢？

简言之，我们必须向人们展示出不跟我们做生意有什么损失。

20 世纪 80 年代，快餐连锁店温迪（Wendy's）向人们提出了一个有力的问题："牛肉去哪儿了？"其中的暗含之意就是，他们的竞争对手没有使用足够的肉料。所以，如果不选择温迪而选择另一家品牌，会有什么样的利害得失呢？我们可能会苦恼地拿到一个干瘪的三明治。同理，全食公司（Whole Foods）建立起庞大的产业，是要帮助顾客免遭食物过度加工的恶果，而更晚出现的商人乔（Trader Joe's）则是要帮助顾客摆脱全食定价的折磨。

帮助顾客避开生活中某种负面性（并让顾客知道那种负面性是什么）的品牌能够吸引顾客，其中的原因跟好的故事俘获听众的道理相同：它们都定义了利害得失。

在故事品牌框架的第六部分，我将帮你在你顾客的故事里识别出与你的品牌相关的利害得失。但是，在我们继续推进之前，要重点注意的是，在你传播的时候，对于七种元素的使用并不应该均等用力。把故事品牌框架想象成为烘焙面包的指南。失败就跟盐一样：用得太多，你就把味道毁了；把盐去掉的话，按这份指南做出来的东西则会味同嚼蜡。不

49

管怎么说，这里的要点在于：你的故事需要有利害得失。

7. 最终获得成功

 故事品牌原则之七：绝对不要假定人们能理解你的品牌将如何改变他们的生活。要告诉他们。

我们必须告诉我们的顾客，如果他们购买我们的产品和服务，他们的生活看上去将有多么美好。罗纳德·里根描绘过一幅"山巅上的光辉之城"的图景。[2] 比尔·克林顿提出要帮助我们"搭建一座通往 21 世纪的桥梁"[3]。在黑暗而压抑的大萧条时期，富兰克林·罗斯福用《幸福的日子又来了》（Happy Days Are Here Again）这首歌作为他的官方竞选主题歌。[4] 同理，苹果公司提供的工具让我们得以表达自己并被世人听见，慧俪轻体（Weight Watchers）帮助我们减轻体重并感觉美妙，男人衣仓（Men's Wearhouse）则保证我们会喜欢自己的外观。

每个人都想被带到某个地方。如果我们不告诉人们我们将把他们带到哪里，他们就会去投靠其他的品牌。

在故事品牌框架的第七部分，我将详细阐述的那个元素，也许是你的信息策略中最为重要的一环：提供一幅愿景，描绘出当顾客接受你的产品或服务后，他们的生活可以变得多么美好。

当你感到迷惘时，要清晰地阐明你的信息

现在，你的脑子可能在飞速地运转。即便这个框架只包括七个部分，可我们到底怎么才能压缩我们的信息，好让我们的营销材料开始重新发挥作用呢？

我们已经创造出一种简化过程的工具。这种工具将降低创作一则清晰信息的困难，为你节省时间，在使用它的时候为你带来愉悦，并激励你创作出有效的营销材料。我在上文已经提过，这个工具就是故事品牌脚本，而它也将成为你新的挚友。

除了使用本书创建故事品牌脚本，你还可以在 mystory-brand.com 网站上免费创建它。故事品牌脚本如下页图所示。

在随后的七章中，我将带你逐一了解这七个元素，并帮你创作出自己的品牌脚本。当你完成后，你再也不会为如何谈论你的产品和服务而感到迷惘了，同时，你也将获得能强力吸引潜在顾客的信息。

我想让你在品牌脚本上完成的第一项功课，是呈现你的总体品牌。然后，你将为你的企业的每一个分部创建一个品

牌脚本;再之后,是每个分部中的每一种产品。如果你愿意
的话,甚至可以为每一个细分用户群创建一个品牌脚本(如
下页图所示)。故事品牌脚本的使用,没有边界可言。

　　提醒一下,要想创建一个你可以保存、编辑和反复利用
的品牌脚本,可访问 mystorybrand.com 网站。你的故事品
牌脚本会成为一种有力的资源,帮助你组织并简化你的信
息,而你也可以反复地使用它。利用故事品牌脚本工具,你
可以在一页纸上看到你的品牌叙事,它将帮你转换并生成一
份清晰的信息,让你可以用来扩大你的生意。

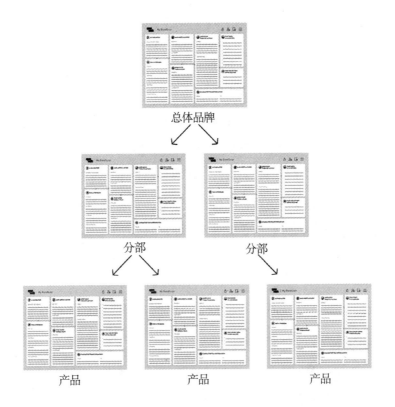

总体品牌

分部　　　　　　　　　分部

产品　　　　　　　　产品　　　　　　　　产品

清晰阐明你的信息，好让顾客聆听

在你探索故事品牌框架的七个部分时，只要遵循下面三个步骤即可：

1. 阅读下面七章中的每一章。

2. 当你阅读完每一章后，运用头脑风暴法找出可能用来填充你的品牌脚本的信息。

3. 仔细审视你头脑风暴的成果，然后为你的品牌脚本的每一个板块选定一条特定的信息。

一旦完成了故事品牌脚本，你就拥有了运用 SB7 框架的基本信息，不论是在你的网站上、幻灯片里、电梯游说中，还是在任何其他的营销和信息传播形式当中。这就意味着你的信息将会变得简单、中肯而可重复。别忘了：切中顾客要害的简单而清晰的信息能为你打开销路。

人类已经在用故事的语言讲话了，所以当你开始使用 SB7 框架时，你也终于开始操起了他们的语言。

利害攸关

你可能忍不住要跳过对于这个框架七个部分中每个部分的仔细思考，直接开工。毕竟，你已经拿到了品牌脚本，所以为什么不干脆动手把它填起来呢？

业余的编剧和作家也会犯同样的错误。他们以为自己已经掌握了编故事的方式，所以开始敲击键盘写起来。可是几个月之后，他们就搞不懂了：为什么自己的故事既无聊，又没法引起共鸣？我来告诉你为什么。他们对整个过程有了一个概观，可是从来没沉下心来，学习其中具体的法则。

　　SB7 框架的每一个模块都有固定的法则，你不能打破——不然的话，顾客就不会在你讲的故事里发现他们自己，也就更不可能投入你的品牌了。

　　每年都有上千家公司关门大吉，这不是因为它们没有好的产品，而是因为潜在的顾客不清楚这些产品如何能让他们的生活变得更好。如果我们不对顾客故事的每个元素加以仔细分析，他们就会感觉我们对此漠不关心，而转向下一家花了时间来做这项功课的竞品。

　　有些人可能觉得，现在开始已经为时过晚；我的意思是，如果这些东西已经印在了一本书里，那么可能每个人都已经在这么做了。但是，他们真的在做吗？有多少人读了一本书的前 20 页之后就停下来不读了？我要说，大多数人都是这样的，而这也就意味着你已经超过了他们。如果你承诺把这个过程完成，而你的竞争者没有，会发生什么？你就赢了，不是吗？再说，即使在读完了这本书的人里，有多少人真正付诸实践了呢？相信我，人性总是倾向于自满而止步不前。完成这个过程，打败竞争者。清晰地阐明你的信息，壮大你的公司。竞争者也许比你更有天赋，可如果你比他们更努力，他们是绝对无法胜出的。这是你能够控制的一件事。

　　在接下来的七章里，我将向你展示如何才能创作出清晰诱人的信息——它将组织你的思考、简化你的营销、壮大你的公司。

第二部分

打造你的故事品牌

当你感到迷惘时，就创建一个故事品牌脚本吧。

第**4**章

一个人物

故事品牌原则之一：顾客（而非你的品牌）是主人公。

直到主人公需要拆除一枚炸弹、赢得某人芳心、击败一个恶人或者为他们的情感或生存展开斗争，在此之前，一个故事都不会有什么起色。故事开始于主人公对于某种东西的欲望。然后，问题就变成了：主人公会得到他想要的东西吗？

观众在得知主人公想要什么之前，对于他的命运几乎毫无兴趣。正因为如此，编剧们不得不在一部影片开始后大概前九分钟之内就明确定义人物的追求目标。那个小人物能完成逆袭吗？那名选手能跑完马拉松吗？那支队伍能赢得冠军吗？这些问题才是让一位观众全情投入两个小时的原因。

作为一个品牌，界定顾客想要的某种东西是很重要的，因为只要界定了顾客想要的那种东西，就把一个故事问题植入了顾客的头脑中：**这个品牌真的能帮助我得到我想要的东西吗？**

曾有一个高端度假区聘请我们去帮他们阐明他们的信息。跟很多公司一样，他们也在经历一场认同危机。他们的营销资料展现了他们的餐馆、前台和员工的风采，看起来都很不错，但是，除非他们想要售卖的是他们的建筑物，否则他们就没有真正把顾客邀请到故事中。

实际上，他们的顾客最想要的东西是一次奢华而休闲的体验。在用故事品牌包装了他们的度假区后，他们把网站上讲述自己故事（把自己定位为主人公）的冗长文本换成了一组图片，展现的是一组温泉浴的画面：长毛绒的浴巾和浴袍，有人在温泉中心享受按摩，后廊的摇椅背对着一片树林，树叶在风中摇曳，与树林接壤的是一片高尔夫球场……还配上了一部循环短片。

他们把主页上的文字换成一句简短有力的话："找到你一直追寻的奢华与休闲。"这成为全体员工的口号。这个短句被他们贴在办公室的墙上。直到今天，你可以随便叫住团队的任何一名成员——无论是副厨师长还是场地管理员，他们都会告诉你，他们的顾客追求的是两样东西：奢华与休闲。精确界定他们的顾客想要的东西，为员工带来了清晰感与同事情谊。每一位员工都理解了他在故事中的角色，而那正是他们邀请顾客参与的故事。

我们合作过的一所大学把他们顾客的愿望定义为"你可以在业余时间完成的零麻烦的 MBA 学位"。一家园林美化公司把他们顾客的野心幽默地定义为"比邻居家更漂亮的花园"。我们在洛杉矶合作过的一位酒席承办商把他们的顾客需求定义为"一场在你心仪的环境中的移动美食体验"。

当我们识别出我们的顾客想要的某物并将其简单直白地传递出去时，我们邀请顾客进入的故事就获得了明确性和方向感。

　　下面是更多的例子，都是从与我们合作过的公司中提取的：

　　　　财务咨询机构："为你的退休订制方案"

　　　　大学校友会："留下一份有意义的馈赠"

　　　　美食饭店："每个人都会记住的一餐"

　　　　不动产代理："你梦想中的家"

　　　　书店："一则令你沉迷的故事"

　　　　早餐吧："让你的一天有一个健康的开始"

　　在你界定了你的顾客想要的某种东西后，顾客就被邀请来顺着你指引的方向修改他的故事了。如果他把你的品牌视为一位值得信任和可以依赖的向导，他就很可能投入进来。

开启一个故事缺口

　　从故事的角度来说，识别出你的顾客的潜在欲望，可以开启那种有时被称为故事缺口的东西。意思就是，你把一个缺口安置在一个人物和他想要的东西之间。当故事出现缺口时，看电影的人就会特别集中注意力，因为他们想知道那个缺口会不会闭合、会以怎样的方式闭合。

　　杰森·伯恩是一名患有失忆症的特工，我们想知道他是否能找到帮助他的人。当他遇到一个名叫玛丽的年轻女子时，那个缺口闭合了，而另一个缺口随之开启。伯恩和玛丽不得不逃往国外。在他们出逃以后，那个缺口也闭合了，而另一个缺口又开启了。如此循环不断，始终紧紧地抓住观众的注意力，直到终篇。

要想理解一个故事缺口的力量，就要理解迫使人类大脑趋向一种欲望的东西。甚至连古典音乐都符合这个配方。很多古典奏鸣曲都可以拆分成三个部分：呈示、展开和再现。最后一个部分，即再现部，只是呈示部的一个变体版本，带来一种尘埃落定之感。如果这么说你还不能理解的话，不妨试试哼唱一曲《小星星》，但是不要唱最后一个音节，也就是省略掉最后一句歌词。这会让你没着没落，不胜其烦。

我们在诗歌中也能发现这一点。当我们听到拜伦爵士的第一行诗"她走在美的光彩中，像夜晚"（查良铮译）时，一个故事缺口就开启了。我们在等待听到一个跟"晚"（night）押韵的字，来填补我们思维中的缺口。当我们听到"皎洁无云而且繁星满天"时，我们的思维便得到了一点疏解，直到下一行诗句出现。

一个故事缺口的开启与闭合是驱动大部分人类行为的富有磁性的力量。性唤起开启了一个故事的缺口，而性满足将使这个缺口闭合。饥饿开启了一个故事的缺口，而一顿饭将使这个缺口闭合。生活中几乎没有什么行动是不能用各种各样的故事缺口的打开和闭合来解释的。

如果我们无法界定我们的顾客想要的东西，那么我们也就无法开启一个故事缺口。当我们没有在我们顾客的头脑中打开一个故事缺口时，他们就没有加入我们的动机，因为并没有什么问题有待解决。只有界定出我们的顾客想要的东西，并在我们的营销材料中描绘出它的特征，才能开启一个故事的缺口。

把顾客的野心削减到单一的焦点之上

很多组织在界定他们的顾客想要的东西时，都会犯一个关键的错误，那就是没能把顾客的欲望削减到一个单一的焦点之上。我跟那些饱受挫败的企业领导者进行过无数次交谈，他们都是在这一点上止步不前，纷纷对我说："等等，我们为我们的顾客提供了 27 种他们想要的东西。难道我们不能把它们都提出来吗？"

答案是不能，至少现在还不是时候。如果我们尚未明确界定好一个特定的欲望并以帮助人们实现这个欲望而声名在外，我们就不应该在我们的故事品牌脚本中增加太多互相干扰的故事缺口。

如果你的产品和服务满足的是多重欲望，这一点可能会令你抓狂。但是，一个分散的品牌所招致的挑战，实际上同很多业余编剧所落入的陷阱一样：他们用太多的野心稀释了主人公的欲望，然后把故事搅得一团乱。

　　当你为你的总体品牌创建一个品牌脚本时，要聚焦于一个简单的欲望。然后，当你为每个分部乃至每个产品发起推广时，你就可以在你的总体品牌的支线情节中加入更多你的顾客想要的东西。

　　再看一下这张图，它展示了使用不同故事品牌脚本工具打造出的分散性品牌的大致样貌。

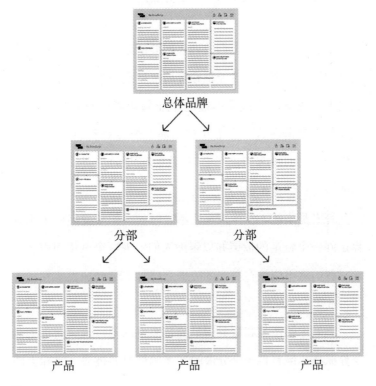

在企业最高级别，领导者面对的最重要的挑战，是要简单而恰切地界定他们的顾客想要的东西，并让自己以能够履行这份承诺而知名。其他的一切都是支线情节，仅仅是为了在满足顾客的基本欲望之后进一步取悦他们、为他们奉上额外的惊喜。

选择一个切中他们生存需要的欲望

一家品牌商在界定他们的顾客想要的东西时，还常常会犯下第二种错误——他们定义的东西与顾客的生存意识无关。出于广撒网的考虑，他们界定了一堆模糊的欲望，让潜在顾客搞不懂自己到底为什么有这种需求。

一位领导力专家搜集了有关他的品牌的反馈。我在检查他的营销材料的时候，注意到他犯了一个关键错误：在界定他的顾客想要什么的时候，他言辞含混。

他的品牌背后的概念是，他会向未来的领导者传授知识。他把自己视为一个领导力资源的仓库，想要成为那些追求卓越的人可以倚仗的枢纽人物。事实上，他的宣传语是："吸入知识，呼出成功。"

看起来够清楚了，可是果真如此吗？"呼出成功"究竟是什么意思呢？他正在让潜在顾客消耗过多的思考能量，为的是搞清楚他将如何帮助他们生存和成长。

我建议他改动一下他的信息。与其说"吸入知识，呼出成功"，不如干脆说"助你成为人人爱戴的领导者"。

成为人人爱戴的领导者，意味着顾客将受到尊重，并与一个族群建立更为紧密的关系，他们将获得更加优越的社会与职业机遇，还有很多其他好处。"呼出成功"听起来很不错，但是作为一个族群的领导者，茁壮成长与生存是直接相连的。人们总是愿意选择一个帮助他们生存和成长的故事。

幸运的是，他喜欢这个主意，主要因为这就是他一直在做的事。界定顾客想要的东西并把它跟顾客求生的欲望联系在一起，开启的是一个充满诱惑力的故事缺口。

生存是什么意思？

当我说到生存时，我指的是我们所有人共享的那种对于安全、健康、幸福和强壮的原始欲望。生存仅仅意味着我们拥有足够的经济和社会资源，来保障我们饮食、繁衍和御敌。

那么，哪些种类的欲望符合这个定义呢？好吧，多得数不过来，但是可以参考下面这些样例。

保存财源。为了生存和成长，你的顾客可能需要保存资源。简单地说，这就意味着他们可能需要存钱。如果你的品牌可以帮助他们存钱，你就接入了一种生存的机制当中。沃尔玛就是把他们的品牌建立在每日低价的承诺之上。他们的宣传语"省钱省心，好生活"（Save Money，Live Better）进一步传播了节省与价值感，由此接入生存的一项基本功能当中，即资源的保存。

节约时间。在发达国家，我们的大多数顾客已经满怀感恩地跨过了以捕猎—采集谋生的阶段。他们对于机会成本的概念不再陌生。你的家政清洁服务能为你的顾客提供更多时间去处理其他事情或者陪伴家人吗？如果可以的话，他们也许会感兴趣。

建立社交网络。如果我们的品牌能帮助顾客找到社群归属，那么我们就接入了另一种生存机制当中。当我们帮同事买咖啡时，我们以为自己只是与人为善，可是我们与人为善的真正原因，是不是我们原始的大脑想要保证我们与一个族群建立联系，以防坏人找上门来呢？人类有培养关系和被关系培养的强烈欲望，加入这一点事实，我们就再次接入了又一种不同的生存机制当中。

获取地位。像梅赛德斯和劳力士这样的奢侈品牌，基本上涉及不到什么关乎生存的问题，不是吗？实际上，当更普通的品牌也能实现同样的功能时，花费大笔钱去购买一辆豪华轿车，这看起来是有悖于我们的生存之道的，不是吗？当你考虑到地位的重要性时，就知道答案是否定的了。不管在哪个族群中，地位都是一种生存机制。它投射出一种充裕感，能吸引有力量的同盟，逼退潜在的敌手（就像一头狮子发出的震耳吼叫一样），而如果我们乐于追求浮于表面的同伴关系，它甚至还能帮我们拴住一个配偶。劳力士、梅赛德斯、路易威登以及其他奢侈品牌真正出售的东西不仅仅是汽车和手表；它们卖的是一种与权力、威望和高雅绑定在一起的身份。

积累资源。如果你提供的产品和服务是要帮人们赚钱或者积累刚需的资源，那么这很容易就能转换成一个人对于生存的欲望。有了更多的钱，我们的顾客就拥有了更多的机会去保护他们可能需要的其他生存资源。很多故事品牌的客户都在经营企业对企业的供货关系（故事品牌本身就是一家企业对企业服务的公司），所以，如果你的产品或服务能让企业（或个人）的生产率提高、收益增长或者浪费率降低，将使你与企业（或个人）的生存和成长需要建立起更强力的联系。

慷慨的内在欲望。我之前所列的所有欲望皆非罪恶。它们都可能走到过火的地步，但是从现实意义来说，生存本就是我们首要的目的。尽管如此，几乎所有的人类都还拥有一种巨大的慷慨济世的潜能，这一事实足以令我们欣慰。获得一种抱负远大的牺牲者身份实际上也有助于我们的生存（抵御敌手、减少外部的批评、赢得族群的信任等），但是它也

70

触及了某种真正具有救赎意义的东西：我们想要其他人也生存下来。绝大多数人的想法都还远没有达到相信达尔文主义的层面。我们是具有同情心和关怀感的生物，乐于为他人的福祉做出牺牲，往往还会做好事不留名。真相就是，我们并不仅仅关心自己的生存；我们也关心他人的生存，特别是那些没有获得过我们享有的机会之人。

对意义的渴求。当维克多·弗兰克尔（Viktor Frankl）与西格蒙德·弗洛伊德（Sigmund Freud）对峙时，他委婉地暗示：人类最主要的欲望不是快感，而是意义。他说的没错。事实上，他在《人类对意义的探索》（*Man's Search for Meaning*）一书中令人信服地论证了，人类实际上是在生命缺乏意义的空虚中才最容易受到诱惑，他们会用快感来分散自己的注意力。①所以，我们如何为顾客提供一种意义感呢？这跟我们为顾客提供慷慨的机会没什么不同，我们只需要邀请他们参与到某项对于他们而言更伟大的事业当中就行了：一场运动、一条拥护的路线、一次与真正的大恶人展开的英勇战斗——不论那个恶人是有血有肉的人类，还是一种有害的哲学。

为你的顾客准备的故事问题是什么？

我给我那位高管教练朋友提供的宣传语是"助你成为人

人爱戴的领导者"，如此一来，他的顾客的大脑就能把这条信息转化成多重的生存范畴，包括社交网络、地位、慷慨的内在欲望、获取资源的机会，乃至对于更深刻的意义的渴求。

在生意场上，如果我们传播的信息不清晰，我们的生意就会萎缩。我们在动员团队成员、说服股东或者招徕顾客的时候，必须明确定义顾客的欲望，否则我们将无法开启一个故事缺口，而我们的受众也会对我们视而不见。记住，顾客想知道你能把他们带到何方。除非你界定了他们想要的某样东西，不然的话，他们愿不愿意听你说话，就很难讲了。

把你的顾客想象成一个搭顺风车的陌生人。你把车停在路边，要载他一程，此时他心里最紧迫的一个问题就是：您这是要往哪儿开？可是，当他走过来，这时你摇下车窗，却开始谈起你的使命宣言，或者讲起你的祖父如何从零开始把这辆车徒手组装起来，又或者谈起你这一路上的播放列表里都是 20 世纪 80 年代的非主流歌曲。那个人根本不在乎。他想要做的只有一件事，那就是戴着头上的那朵花赶到旧金山去！

我们塑造品牌的目标，应该是让每个潜在的顾客精确地知道我们将把他们带到何方：一个能让他们享受休闲时光的奢华度假区，让他们成为人人爱戴的领导者，或者省钱省心、好生活。

如果你随机地问一位潜在的顾客，你的品牌将把他带到哪里去，他能够回答出来吗？他能够把你的品牌提供的东西精确地重复给你吗？如果不能的话，那么你的品牌就正在为含混付出代价。你可以亡羊补牢。为你的顾客定义一种欲望，你邀请顾客进入的故事便会拥有一个强有力的钩子（hook）。

清晰阐明你的信息，好让顾客聆听

- 可以访问 mystorybrand.com，创建一个故事品牌脚本，或是登录你已有的品牌脚本。
- 独立或与团队一起开展头脑风暴，列出那些你可以帮顾客满足的潜在欲望。
- 做出决定。选择你的顾客想要的某个东西，填写你的故事品牌脚本的"人物"模块。
- 阅读下一章，然后在你的品牌脚本的下一部分重复这个过程。

在完成了你的故事品牌脚本的第一个模块之后，你就已经走在了邀请顾客进入一个不可思议的故事的路上。此时此刻，他们已经对你和你提供的东西产生了兴趣。可是，我们怎么才能吸引他们更进一步深入故事当中呢？让我们前往第二部分去寻找答案吧！

👤 一个人物

他想要什么？

_____

_____

_____

_____

_____

_____

第**5**章

遭遇一个问题

故事品牌原则之二：企业倾向于出售外部问题的解决方案，顾客购买解决方案则是为了解决内部问题。

如今，你已经进入了顾客的故事当中，那么怎样才能让他们对你的品牌更感兴趣呢？你要从那些讲故事者的战术手册里再借一招：开始谈论顾客面对的问题。

认出顾客的问题能加深他们对于我们正在讲述的这个故事的兴趣。每个故事都是在讲某个人去努力解决一个问题，所以如果我们认出了顾客的问题，他们就会把我们认可为一个理解他们的品牌。

问题是一个故事的钩子。如果我们没有确定顾客的问题，那么我们讲的这个故事就会索然寡味。故事中的冲突一旦得到解决，观众马上就会失去注意力。正如小说家詹姆斯·斯科特·贝尔（James Scott Bell）所言，"读者想要的就是不安"①。这句话对于故事而言不假，对于品牌的打造也是至理格言。

如果杰森·伯恩在《谍影重重》第一部开场 30 分钟左右接到一个电话，电话里一个温柔而平静的声音开始讲解杰森的真实身份，解释他为什么会罹患失忆症，并宣布政府为他提供了一笔退休金和一栋海景房，那么就没有人会继续看这部电影了——关注它的原因已经不存在了。

这件事强调再多遍也不够。我们对于顾客遇到的问题谈论得越多，他们对我们的品牌就会越感兴趣。

如何谈论顾客的问题

在故事品牌框架的第二个模块里，我们将详细讨论冲突的三种元素，它们将提升顾客的兴趣，提高他们的忠诚度，并为我们的品牌所讲述的故事赋予一层更深的意义。

每个故事都需要一个反派

讲故事的人要把冲突集中在一个清晰的焦点之上；而在他们所使用的装备中，反派排名第一。

编剧和小说家都知道，反派越是强大、邪恶和卑鄙，我们就会对主人公产生越多的同情，而观众也就越想让他们取得最终的胜利。由此带来的是观众的全情投入。

如果没有小丑，蝙蝠侠还能博得多少同情？如果没有达斯·维达，卢克·天行者会怎么样？没有伏地魔，哈利·波特呢？没有氪石的超人呢？（让我们坦诚一点儿，作为一个坏蛋，莱克斯·卢瑟没那么有趣。）

如果想要顾客在听到我们谈论自己的产品和服务时不自觉地竖起耳朵，我们就应该把这些产品和服务定位为一种武器，顾客可以使用它们来打倒反派。而这个反派当然是越卑鄙越好。

　　反派没必要非是一个人不可，但毫无疑问的是，它应该具备人格化的特征。比如，如果我们卖的是一款时间管理软件，我们或许就该极力贬低让人分心的想法。能不能把我们的产品作为一种武器提供给顾客，让他们可以用来消灭挡在既定路线上的种种分心呢？这听起来有点儿戏剧化，对吗？可是，分心确实在消磨顾客的潜能、破坏他们的家庭、偷走他们的卫生、浪费他们大量的时间和金钱。这么说来，各种各样的分心可以扮演绝佳的小反派。

　　既然我已经指出了把顾客面临的挑战加重贬低的这一技巧，接下来你会发现，它在电视广告里无处不在。之前有谁知道，在我们房子的壁脚板沿线，神不知鬼不觉地聚集了一群脏兮兮的小兔子呢？它们穿着皮夹克，神气十足地跑来跑去，成群结伙，邪恶地勾搭在一起，要毁掉我们的地板。嘿，它们的好日子可算到头了，它们的克星出现了：它就是ACME拖把公司出品的新型拖把。

　　广告创作者把他们顾客面临的问题拟人化，目的是捕获顾客的想象力，把他们的苦闷聚焦于一个点。毛茸茸的毛球住在你的下水道里，吱吱叫着，搭窝筑巢，堵塞管道？活蹦乱跳、有说有笑的黄色小团子在你的牙缝间度假？这些都是冲突的人格化版本，都是反派。

在你的故事品牌脚本中，一个合格的反派要具备以下四个特征：

1. 反派应该是问题的根源。比如，苦闷不是一个反派；苦闷是一种反派让我们产生的感觉。相比之下，高税率就是一个反派的好例子。

2. 反派应该是能引起共鸣的。当人们听到我们谈论这个反派的时候，他们应该立刻就能认出它就是他们厌弃的某样东西。

3. 反派应该是单一的。一个反派就足够了。一个故事要是有太多反派，就会因为缺少清晰度而分崩离析。

4. 反派应该是真实的。千万不要走上散布恐惧心理这条路。真正有待消灭的反派多得是，让我们以顾客的视角瞄准它们。

在你的顾客故事里有反派吗？当然有了。你的产品和服务解决的那个冲突，主要源头是什么？那就是你应该谈论的反派。你关于反派说得越多，人们就越想得到那个帮助他们打倒反派的工具。

稍后，在创作你的品牌脚本的时候，我会请你就顾客面对的反派类型展开一场头脑风暴。但是现在，让我们先仔细研究一下由反派导致冲突的类型。等我们理解了顾客的问题之后，我们就更加清楚：该以什么样的方式跟顾客说话，才更容易让他们投入。

冲突的三个层级

反派之所以是反面人物，是因为他们给主人公造成了严重的问题。这是显而易见的。但是，不那么显而易见的是，在一个故事中存在三个层面的问题，它们共同作用，捕获了读者或观影者的想象。

主人公（顾客）面对的三个层面的问题分别是：

- 外部问题
- 内部问题
- 哲学问题

在一个故事里，反派引发一个外部问题，导致主人公体验到一种来自内部的苦闷，而这在哲学上显然是不对的。这三个层面的问题同时也是一位顾客在购买产品时希望解决的问题。

我知道这听起来可能有点儿复杂，但是让我们仔细推敲一下冲突的每个层面，这样就能精准地了解：在我们清晰阐明我们的信息时，应该讨论顾客的哪种苦闷。

外部问题

在文学作品中，反派的工作就是给主人公捣乱，在主人公与他们迫切渴望得到的稳定性之间横加阻拦。但是，光有邪恶的意图是不够的。必须有某种东西，也就是某种（或多种）事物来代表这个障碍。要输入**外部问题**。

在故事中，外部问题往往是一个实体的、可触的问题，主人公必须解决它才能转危为安。这个问题可能会显化为一颗定时炸弹或者一辆失控的大巴车，甚至有可能是二者的结合：一颗炸弹装在一辆大巴车上，要是基努·里维斯不把车速保持在每小时 50 英里以上，炸弹就会爆炸！

外部问题的作用就像是安插在主人公和反派之间的一枚举足轻重的棋子，双方都在竭尽全力争取对它的掌控，以图赢下全局。

对于电影《点球成金》（*Moneyball*）中的比利·比恩来说，外部问题就是对于赢得比赛的迫切需要。对于《战争游戏》（*War Games*）中的马修·布罗德里克而言，外部问题则是一款流氓软件，它侵入美国政府的计算机系统，试图挑起美国与苏联之间的战争。

但是，故事中外部问题的存在跟品牌的打造有什么关系呢？这么说吧，我们绝大多数人都在忙着解决外部问题。我们提供保险、衣物或者足球。如果我们拥有一家餐厅，那么我们解决的外部问题就是饥饿。一名水管工人解决的外部问题可能是一根漏水的管道，而一位害虫防治专家解决的外部问题则可能是阁楼中的白蚁。

围绕你可能解决的外部问题展开头脑风暴，这将是你在创作故事品牌脚本的过程中最容易的一关。它通常都是很明显的。但是，如果你认为人们给你打电话、走进你的店或者访问你的网站的原因只限于一个外部问题的解决方案，那就大错特错了。还有其他某些东西也在同时发挥影响力。

内部问题

把我们的营销信息仅仅局限在外部问题之上，我们就忽略了一条重要的原则，这将让我们损失数千乃至数百万美元。这条原则就是：公司倾向于出售外部问题的解决方案，顾客购买解决方案则是为了解决内部问题。

在故事中设置外部问题的目的是为了彰显一个内部问题。如果我创作一部电影，讲述的只是一个人必须拆掉一颗炸弹，那么观众是不会感兴趣的。讲故事人和编剧、作家的工作，是要创作出主人公生活中苦闷的背景故事。

比方说，在电影《点球成金》里，比利·比恩的球员生涯以失败告终，所以他对于自己能否以总经理的身份获得救赎充满了自我怀疑。在《星球大战》里，卢克·天行者的伯父告诉他，他的年纪太小，不适合加入抵抗组织，所以直到最后他都在怀疑自己的能力。

几乎在每个故事里，主人公都挣扎在同一个问题当中：我做得到吗？这个问题让他们感到苦闷、无力和迷惘。正是这份自我怀疑的意识，才能让一位中产阶级妇女对一部关于棒球的电影感同身受，让一部爱情喜剧得到一位卡车司机丈夫的共鸣。

我们从故事中学到的道理是，人们化解苦闷的内在欲望是一种比解决外部问题的欲望更加强烈的驱动力。

而这恰恰是大多数品牌犯下关键错误的地方。假定我们的顾客只想解决外部问题，我们就没有投入他们真正活在其中的更深层的故事当中。真实的情况是，我们解决的外部问题造成了他们生活中的苦闷，而就像在一则故事里那样，驱动他们呼叫你的其实是那些苦闷。

苹果公司在经历了那段濒临垮塌的时期以后，并没有马上找回自己的立足之地，直到史蒂夫·乔布斯认识到：人们对于电脑有一种望而生畏的感觉（内部问题），他们想要一种更加简单的人机交互方式。于是，作为史上最强有力的广告宣传运动之一，苹果公司推出了一个简单、时髦而风趣的人物形象，他只想拍照片、听音乐，还有坐在一个没那么时髦的技术控旁边敲字写书，而那个技术控想要讨论的是他的操作系统的内在工作原理。这场运动为苹果电脑公司争得了这样一个位置：如果你想要享受生活、表达自我，可是又对所有那些技术讨论望而生畏，去找苹果就对了。苹果公司认定的内部问题是什么？就是大多数人面对电脑时产生的畏惧感。苹果公司也开始卖电脑以外的东西了——他们开始兜售针对顾客的畏惧心理的解决方案。苹果公司迎来了如此惊人的发展，还培养出满腔热情的品牌传道士，原因之一就是他们理解了顾客的内部问题。

顾客从我们这里买东西的唯一原因，就是因为我们能够解决的外部问题正以某种方式让他们感到苦闷。如果我们能够认出那种苦闷，把它说出来，并提出可以把这份苦闷连同作为源头的外部问题一起解决掉，某些特别的事情就要发生了。我们跟我们的顾客建立了紧密的关系，因为我们把自己更加深入地定位到了他们的叙事之中。

例如，如果我们经营的是一家房屋粉刷企业，顾客的外部问题可能就是一座外观不太美观的家宅。然而，内部问题也许涉及为自己拥有整条街道最丑的房子而感到难堪。了解这一点之后，我们就可以在市场推广中亮出"让你的邻居嫉妒不已的粉刷"。

我们的产品能化解何种苦闷？

最近，国家租车公司（National）通过理解我的内部苦闷而赢得了我的青睐。我过去曾在一家让我屡屡抓狂的公司租车。正常情况下，当我刚下飞机时，我不愿意跟别人聊天。而我的前任租车公司的员工却把跟顾客闲聊扯淡当作一项政策来执行。他们甚至还使用了一套脚本：首先，他们会问我来镇上是办公还是消闲；然后，他们又问我出发地的天气。就这样一直不停地问下去。这个脚本我已经听过太多遍了，于是我开始用跟他们抢话头的方式进行消遣。我常常跳到他们脚本稍后的部分，问办事员："您在镇上的这段时间里，打算抽出几天休假吗？"他们只好一脸茫然地盯着我，因为我抢走了他们的台词。

可是有一天，在我看电视的时候，国家租车公司的广告跳了出来。屏幕上的人物径直穿过租车办公室，没有跟任何人说话。那个人物谈到了他多么讨厌不得不跟销售人员讲话，以及他多么喜欢直接走向他的车。我立刻更换了自己的租车公司，自此以后，我一直非常满意。

说到汽车公司，车美仕（CarMax）是一家二手车买卖连锁店，他们把自己绝大多数营销材料的目标都锁定在顾客在寻找二手车时遇到的内部问题上，这个问题就是：他们不得不跟二手车推销员打交道。

只要你进过二手车市场，就一定知道那种感觉。那就好像是，你马上就要跟一个职业摔跤手扭打在一起了。

车美仕知道他们的顾客不想讨价还价，也不想承担买到一辆次品车的风险，所以他们的商业策略把目标定为：让你在购买二手车的经历中不再感觉被骗、被敲诈或者被算计了。为了做到这一点，他们跟顾客签订了一份协议，保证汽车上标明的价格就是你要付的金额，并让你知道他们的推销员没有销售额提成。他们还强调了他们的品质证明和检查过程，保证他们卖的每一辆车都是可靠的。[②]

当然，车美仕解决的外部问题是对于一辆车的需求，可是他们几乎完全没有宣传这一点。他们把焦点放在顾客的内部问题之上，就这样闯入了美国信任度最低的行业领域之一，创建了一个市值 150 亿美元的集团。[③]

同理，星巴克的爆发也不仅仅是因为他们为顾客提供了一杯咖啡而已，而是因为他们给顾客提供了一个舒适而精致的休息环境。当顾客走进一家星巴克时，他们会产生良好的自我感觉。星巴克传递的价值远不止于咖啡；他们传递的是一种精致感和对生活的热情。他们还为人们提供了一个会面的场所，让人们获得接纳感与归属感。星巴克改变了美国的文化习惯，让人们将消闲从餐馆和酒吧里转移到本地意大利风格的咖啡馆里。

星巴克在理解了顾客想要的感觉之后，摆出了美国人曾经习惯花 50 美分购买（或者在家里和工作单位免费饮用）的产品，要价每杯 3～4 美元。星巴克的顾客愿意花更多的钱购买星巴克咖啡，因为他们在每一杯咖啡中都感受到了更大的价值。

把我们的产品设计成一套同时解决外部问题和内部问题的方案，就会提高这些产品的感知价值（我想说，这也提高了真正的价值）。

稍后，我将引导你通过一场头脑风暴练习，识别出顾客的某些内部问题。但是，在那之前，先让我们看一看顾客面临的第三种问题。这第三个层面的问题可以拔高故事，让观众激动得站到座椅上，也是一部电影赢得奥斯卡最佳影片奖的主要原因。而在帮助我们把不感兴趣的顾客转变成品牌忠粉方面，它也拥有同样强大的力量。

哲学问题

故事里的哲学问题关乎甚至比故事本身还要博大的东西。它是关于**为什么**的问题。为什么这个故事在人性的整部史诗中占有一席之地？

为什么乌龙兄弟挽救了他爸爸的公司是一件重要的事情？我来告诉你为什么：因为那些力图搞垮乌龙兄弟的人都是谎话连篇的窃贼。这是一个讲述诚实、家庭、正直和勤奋工作与欺骗、贪婪和阴谋诡计对抗的喜剧故事。

为什么哈姆雷特为父报仇这件事很重要？因为他的叔叔犯了谋杀罪却逍遥法外。

为什么布里奇特·琼斯（Bridget Jones/BJ）找到爱情很重要？因为每一个人的美和价值都理应得到另一个人的认可与珍惜。

哲学问题最适合使用**应当**或**不该**这样的字眼来讨论，"坏人不该被允许胜利"或者"人们应当受到公平的对待"。

在电影《国王的演讲》中，外部问题是国王的口吃。这个外部问题凸显了国王竭力抗争的内部苦闷和自我怀疑：他就是不相信自己有能力领导他的国家。可是，从哲学方面看，其中的利害关系就要大得多了，因为国王必须要使他的人民团结起来对抗纳粹，这个故事也由此承担了善与恶相对立的哲学问题。

在《甜心先生》（*Jerry Maguire*）中，哲学问题围绕着人们是否比他们带来的钱财更有价值展开；《罗密欧与朱丽叶》则追问了浪漫爱情是否比家仇族恨更重要。

更深的意义是什么？

人们想要参与到一个比他们自己更伟大的故事当中去。通过赋予顾客一种更深层次上的意义感，品牌可以安排顾客在一个更宏大的叙事中发声，这也会为他们的产品增添价值。

一家跟我们合作过的环球咨询公司在创作了他们的品牌

脚本之后，开始谈论为什么每个人都应该得到跟随一名出色的管理者工作的机会。一位找过我们帮忙的宠物店老板在她的窗外挂了一条标语，写着："宠物也该吃上健康的食物。"一位爱开玩笑的旅行代理商找到我们之后，采纳了这样一句季节性宣传语："因为这是一个应该永远记住的夏天。"

在音乐电子化之前，淘儿唱片（Tower Records）在推广他们的连锁唱片店时打出的标语是："无音乐，不生活。"（No music，no life.）这句宣传语不仅帮助他们每年卖出超过 10 亿美元的唱片，还帮他们卖掉了成千上万件印着这句话的贴纸和 T 恤衫——他们的粉丝想要与音乐事关重大这份哲学信仰联系在一起。

你的品牌是否通向一个更深刻的故事？你的产品能不能成为这样一种工具：让你的顾客可以用它来击退不应当存在的某样东西？如果是这样的话，就让我们在信息编撰中加入一些哲学砝码吧。

完美的品牌承诺

如果我们真想让顾客满意，可以提供比产品或服务多得多的东西。我们可以提供的是：不管他们什么时候找到我们的产品，都能解决他们的外部、内部与哲学问题。

讲故事的人一直都在使用这个公式拉近与听众的关系。当卢克把光子鱼雷射入死星上的小洞时，他实际上既解决了摧毁死星的外部问题，也解决了让他怀疑自己是否有资格成为绝地武士的内部问题，还解决了善与恶对立的哲学问题，而其实，他只是按了一下按钮而已。

当三个层面的问题一击而解时，观众体验到了一种愉悦和解脱的感觉，使得他们爱上了这个故事。这种场景通常被称为**高潮**或**必备场景**，而且无疑是电影中最重要的一个场景，因为所有其他场景都是以某种方式朝向它建构起来的。

主人公外部、内部与哲学问题的解决，是我们看到《玩具总动员》里警长胡迪和巴斯光年与安迪重逢时流泪的理由，也是我们看到约翰·米勒上尉救出大兵瑞恩时感触如此之深的原因。

这个公式之所以奏效，是因为人类在他们每天的生活中都在体验这三个层面上的问题。他们不会仅仅寻求某一个层面问题的解决方案；他们希望找到一个方案，可以同时解决所有三个层面的问题。

如果我们真的想要我们的生意发展壮大，我们就应该把我们的产品定位为面对一个问题的外部、内部与哲学三个层面的解决方案，同时把"立即购买"按钮塑造成顾客为了完成他们的故事必须采取的一次行动。

让我们看一看大家熟知的一些成功品牌是如何把购买他们的产品定位成一套外部、内部和哲学问题的解决方案的。

特斯拉汽车

反派：高耗油量，低端技术

外部问题：我需要一辆车。

内部问题：我想要成为新技术的早期尝试者。

哲学问题：我对于车辆的选择应该有助于保护环境。

奈斯派索家用咖啡机

反派：做出难喝咖啡的咖啡机

外部问题：我想要在家喝到更好喝的咖啡。

内部问题：我想要我的家用咖啡机让我感到高端、优雅。

哲学问题：我没必要为了在家喝到美味咖啡而成为一名咖啡师。

爱德华·琼斯理财顾问

反派：不听顾客发言的理财公司

外部问题：我需要投资方面的帮助。

内部问题：我不清楚怎么做这件事（特别是有那么多由科技驱动的资源）。

哲学问题：如果我打算拿自己的钱投资，我理应找到一名愿意周到地当面解释一切的顾问。

你帮助你的顾客克服了何种挑战？

确定一个引发了内部、外部和哲学问题的反派，这个想法听上去或许有点儿让人心生怯意，但是只要你按照方法，在头脑风暴的环节里仔细打磨推敲，它就会进入你的脑海。

可是，一定要小心。我们大多数客户都会面临的一个巨大问题是，他们想要收入三个反派、七个外部问题和四个内部问题，等等。但是，正如我已经提过的那样，最好的故事都是简单而清晰的。我们不得不做出选择。

有没有一个单独的反派站在你们品牌的对立面？那个反派引发了什么外部问题？那个外部问题让你的顾客产生了怎样的感觉？为什么人们被迫遭受这个反派的迫害是不公正的？

这是我们在品牌脚本的问题部分需要回答的四个问题，而当我们回答完毕时，我们品牌正在讲述的故事就已经成形了，因为我们的主人公——也就是想要某样东西的顾客——已经受到了挑战。他会胜利吗？他的问题能得到解决吗？

也许吧。关键在于，他将不得不去你的品牌那里寻找答案。

清晰阐明你的信息，好让顾客聆听

- 可以访问 mystorybrand.com 网站，创建一个故事品牌脚本，或是登录你已有的品牌脚本。

- 独立或与团队一起开展头脑风暴，列出所有你的品牌可与之对峙的反派，包括字面意义上的和隐喻的形象。

- 通过头脑风暴，找出你的品牌解决的外部问题。有没有一个看起来能代表产品所解决的最宽泛的问题？

- 通过头脑风暴，找出你的顾客感知的与你的品牌有关的内部问题（苦闷或怀疑）。有没有一个问题因为更接近顾客的普遍经验脱颖而出？

- 你的品牌是一个更大、更重要的故事的一部分吗？你的品牌有没有在对抗某种哲学上的谬误？

- 完成头脑风暴的环节之后，做出品牌脚本中的四个决定，这能让你完成第二部分。

🅑 遭遇一个问题
反派
内部问题
外部问题
哲学问题

第**6**章

得遇一位向导

故事品牌原则之三：顾客不是在寻找另一位主人公，

**　　　　　　而是在寻找一位向导。**

莎士比亚说的没错——人生就是一场多幕剧。但是，作为一本书的作者，我更愿意把这些剧幕看作章节。如果你回头看看自己的生活，很可能也能分辨出它们。在这个章节里，你在一个穷人家长大；在那个章节里，你开始理解人际关系的重要性。在某一个章节里，你意识到了自己擅长数学或体育；在另一个章节里，你告别故乡，去远方独自谋生。

世界上没有两种一模一样的生活，可是那些章节却被我们普遍共享。每个人都在一场变化了的旅程中前行。

通过事件来识别出这些章节是很简单的事，或者借用作家及故事专家詹姆斯·斯科特·贝尔的话说，就是通过那些"不可回转的门"①来辨认。可能是我们父母的离婚，可能是我们的情窦初开，可能是一次心上人对自己的拒绝，也可能是在初中舞会的人群围绕下完美搞定的太空步。

在故事中，事件标记章节的开头和结尾。可是，如果我们更仔细地研究一下，就会看到某些其他东西，或者更准确地说，是其他人。

界定我们的章节的事件常常是由一路上帮助我们的神秘人物推动或演绎出来的。在一则故事里，这些人物有很多不同的名字，我选择称他们为**向导**（guides）。

克里斯托弗·布克（Christopher Booker）在《七种基本情节》（*The Seven Basic Plots*）一书中关于向导在故事中的引入是如此描述的：

> 一位主人公陷入黑暗的魔咒，最终被困在某种僵冷的境遇之中，近乎行尸走肉：身体或精神上的监禁、沉睡、疾病或某种其他形式的着魔。在很长一段时间里，他都在这种冰冻般的状态下潦倒度日，意志消沉。然后，出现了一场奇迹般的救赎行动，某个特定的人物出手相助，把主人公从监禁中解放了出来。他受到指引，自深深的黑暗重返荣耀之光。②

每个主人公都在寻找一位向导

当我谈论向导时，我说的是我们的父母亲，当他们坐在我们的面前讨论如何堂堂正正做人时，他们就是向导；我说的也是一位橄榄球教练，他帮助我们理解了努力工作的重要性，还相信我们能够取得我们自己从未想过的成就。向导可能包括我们读过的诗歌的作者、引领世界开启一片新天地的领导者、帮助我们明白自己的问题所在的治疗师，没错，甚至还包括那些为我们提供了支持和鼓励，提供帮助我们克服挑战的工具的品牌。

如果一位主人公在故事中自行解决了自己的问题，听众就会神游天外。为什么？因为我们的直觉告诉我们，如果他能够解决自己的问题，那么他从一开始就不会陷入麻烦。讲故事的人使用向导这个人物来鼓励主人公，并帮助他做好取得胜利的准备。

你已经在你读过、听过或看过的几乎所有故事里看到过向导的身影了：佛罗多有甘道夫，凯特尼斯有黑密斯，卢克·天行者有尤达大师，哈姆雷特的向导是他父亲的鬼魂，罗密欧则是从朱丽叶那里学会了爱情。

跟在故事里一样，人们每天醒来的时候都把自己认作一位主人公。他们受到内部、外部和哲学冲突的困扰，而且知道他们无法凭借自己的力量解决这些问题。

某些品牌，特别是那些相信自己需要证明自己的年轻品牌，把自己定位为故事的主人公，而不是向导，这就犯下了致命的错误。正如我已经提过的那样，一个把自己定位为主人公的品牌注定失败。

致命错误

把自己的品牌定位为主人公而造成了致命后果，影响是巨大的。想一想音乐流服务商 Tidal 的失败吧。什么？你没听说过它？那是不无道理的。说唱天王 Jay Z 个人以 5 600

万美元的巨额投资创立了这家公司，其使命是"让每一个人找回对音乐的尊重"③。Tidal 的拥有者不是音乐工作室或者技术公司，而是音乐家。Tidal 让音乐家可以跳过中间商，把他们的作品直接送入市场。这样一来，艺术家就能分得更多的收益。

听起来是个绝妙的方案。可是 Jay Z 没有想到，把自己和其他艺术家定位成主人公是一步错棋。艺术家会购买彼此的音乐吗？不会的。他需要把主人公的位置留给顾客，而不是那些艺术家。

在 Tidal 推出前的几个月里，Jay Z 招揽了 16 位知名音乐人，他们同意以股权为交换条件，在他的平台上独家发布作品。在他们价值数百万美元的首次亮相中，这些艺术家肩并肩地站在新闻发布会现场解释他们的使命。可以预见的是，这是一切分崩离析的开始。

Jay Z 在其他方面可谓一个真正的天才。但凡对有关故事的那些古老法则有所了解，他也许就会躲开这片布满地雷的危险地带。

"水是免费的。"Jay Z 俏皮地说，"音乐值 6 美元，可是没人愿意为音乐花钱。"他多少有点儿让人摸不着头脑地继续说道："你应该从水龙头里喝免费的水——那是件美妙的事情。而如果你想要听最美妙的歌曲，那么请支持艺术家。"④

以推特为代表的社交媒体将 Jay Z 和 Tidal 开膛破肚。数以千计的人提醒 Jay Z 去请教一下那些为他买单的人，搞明白水其实不是免费的。一夜之间，一位把职业生涯建立在为人民发声这一基础上的艺术家，听起来像是爬上了权力阶层。一排身家百万的著名音乐人想利用公众的愧疚感让大家为他们的音乐花更多的钱，这让人们越听越恶心。致命的错误在于，Jay Z 没有回答萦绕在每一位顾客主人公潜意识中的那个问题：你如何帮我取得成功？Tidal 的存在是为了帮艺术家们而非顾客取得成功，所以它失败了。

永远都要把主人公的位置留给你的顾客，而把你的品牌放到向导的位置上。永远都要如此。若非如此，你将必死无疑。

故事不是关于我们的

这里还有更重要的一点，它非常简单：某一天，当我们不再为我们企业的成功彻夜难眠，而开始为我们顾客的成功辗转反侧时，我们的企业重新振作的时候就到了。

因为主人公是强壮的、有能力的，处于人们注意力的中心，所以我们难免想要把我们的品牌推到主人公的位置之上；可是，当我们忍不住想这么做时，应该先退后一步。在故事里，主人公从来都不是最强大的人物。主人公往往能力不足，且充满了自我怀疑。他们不知道他们能否做得到。他们常常是心不甘、情不愿的，与其说他们是乐此不疲地参与到情节中，倒不如说他们是身不由己地陷入故事当中。向导则不然，他们都是"过来人"，而且已经在他们自己的背景故事中成功地战胜过主人公面临的挑战。

向导才是具有最高权威的人，而不是主人公。话虽如此，故事极少是关于向导的。向导只是扮演了一个角色而已。故事必须永远集中在主人公的身上，而如果一个讲故事的人（或者一个企业领导者）忘了这一点，听众就会搞不清楚这个故事到底是关于谁的，从而失去兴趣。这在生意、政治乃至你自己的家庭里都是真理。人们寻找的是一位帮助他们的向导，而不是另一个主人公。

生活的史诗故事并非关于自己，实际上是关于那些围绕在自己身边的人，意识到这个道理的人最终都以某种方式获得了成功。这有点儿违反直觉，可它就是真的。事实上，认为生活的故事完全是关于他们自己的那些领导人也许能取得暂时的成功，但是在历史叙事中，他们留下的形象往往都是反派。

向导的两个特征

在企业把自己定位为向导后，顾客忠诚度迎来飙升——

这样的案例，我们就算没看过上千例，也有数百例了。企业领导者在通过故事品牌框架过滤他们的信息之后，意识到他们的网站、群发邮件、数字广告、电视广告以及电梯游说都朝向了一个错误的方向。只要把我们的焦点调转到顾客身上，并在一个有意义的故事中为他们奉上一个主人公的角色，就足以从根本上改变我们谈论乃至经营生意的方式了。

所以，要让我们被认可为顾客生活中的向导，我们该怎么做呢？

要想把自己定位为向导，一个品牌必须传播的两样东西是：

- 共情
- 权威

当卢克·天行者邂逅尤达大师时，他遇到了一名完美的向导。尤达大师是一个讨人喜欢的人物，他理解卢克的困境，设身处地地教导他如何运用原力。当然，如果没有尤达大师本人身为一名绝地武士的权威，这份共情也无迹可觅。尤达大师不仅理解卢克的困境，同时还精通卢克要想赢得胜利就必须掌握的技能。

向导必须具备这种共情和权威的精确组合，才能推动主人公和故事双双向前。主人公一路寻找的就是这两种特征，而一旦他察觉到了它们的存在，就会知道自己已经找到了向导。

表达共情

1992 年，当比尔·克林顿把"我理解你们的痛苦"（I feel your pain）这句如今已家喻户晓的话说出口时，他不仅锁定了对乔治·H. W. 布什的胜利，还把自己摆上了美国选民故事中的向导位置。向导要表达对于主人公的痛苦与苦闷的理解。事实上，很多权威人士都相信，克林顿是在一场"市政厅式"的辩论中锁定了大选的胜出。在这场辩论中，一位年轻的女士提出的问题是：国债对于普通的美国人有什么意义。布什给出的答案冗长不清，克林顿则采取了与布什那种直线式的、没有温度的回答不一样的策略。他反问那位女士，她身边有没有失业的朋友。他问她，她会不会因为朋友失业而感到难过。当她回答说是的时候，他便顺势开始解释国债如何同包括她和她的朋友在内的每个美国人息息相关。⑤这就是共情。

当我们对我们的顾客所处的困境感同身受时，我们创造的就是一种充满信任的联结。人们信任那些理解自己的人，也信任理解自己的品牌。

毋庸置疑，奥普拉·温弗瑞是一位帮助过数百万人的成功向导。她曾经解释说，每一个人最想要的三样东西就是被看见、被听见和被理解。这正是共情的精髓。

共情的表述往往以类似下面这样的说法开头："我们理

解……是一种什么样的感觉""没有人必须得经历……""跟你一样，我们也受到……的困扰"。在丰田公司为了邀请丰田汽车车主加入他们本地的丰田服务中心而推出的一则广告中，开头一句直接就是："我们关心你的丰田汽车。"

表达共情并不难。一旦我们认出了顾客的内部问题，就只需要让他们知道：我们理解而且愿意帮助他们找到一个解决方案。通篇浏览一下你的营销材料，保证你已经告诉顾客：你是关心他们的。顾客是不会知道你关心他们的，除非你亲口说出来。

你跟我一样吗？

话说回来，共情可并不仅仅是情感化的口号而已。真正的共情意味着要让顾客知道，我们看待他们的方式与我们看待自己的方式一样。顾客寻找的是与他们有共同点的品牌。记住，人类的大脑喜欢保存卡路里，所以当顾客意识到他们跟一个品牌有许多共通之处时，他们就会用信任补全所有未知的细节。从本质上说，顾客的思考是批量化的，意思就是：他们采用"大块"的思考方式，而不分辨细节。不论是相同的音乐品位还是共享的价值观，共通性总是一种强大的营销工具。

发现卡（Discover Card）在最近的一波电视广告中就利用了共情的力量。他们塑造了这样一个场景：人们给客服打电话，结果接电话的是和他们一模一样的人。这是要传达什么信息呢？发现卡会关心和照顾你，就像你关心和照顾自己一样。

展示权威

没人喜欢"大明白"，也没人愿意听人说教。那些炫耀自己凌驾于大众之上的专业品牌，会让人避之不及。正因为如此，很多营销专家都说，我们应该彻底放弃对权威感的表达，顾客想要的是一个把胳膊搭在他们肩膀上、以平等的身份跟他们并肩前行的品牌。可是，这并不完全正确。

想象你第一次走进一名营养师的办公室，满怀决心要拥有最好的生活状态。

"我想减重30磅。"你告诉她，"我挣扎了很长时间，但是现在我准备好了。"

如果这位营养师看着你说："我也是！"你会怎么想？

你用不了多长时间就会意识到：自己选错了营养师。

当我说到权威的时候，我真正在讲的是能力。主人公在寻找向导的时候，会把信任交给心里有谱的行家。向导没必要完美，但是向导需要拥有帮助主人公取胜的正儿八经的经验。

那么，我们怎么表现我们的权威，才不致把自己吹捧得太过，以至于抢了主人公的风头呢？

当顾客浏览我们的网站、广告或者邮件的时候，他们只是想跟自己心里的清单进行一番核对，好让自己愿意信任我们为他们提供帮助的能力。

下面这四种简单的方式，可以帮我们在营销中加入恰到好处的权威。

1. 推荐语。让别人替你说话。如果你有满意的顾客，就在你的网站上放一些他们的推荐语。推荐语会给潜在顾客提供一个了解和判断的机会。他们知道别人已经跟你们合作过，而且取得了成功。要避免堆放 10～20 条推荐语，否则你将面临把自己推上主人公位置的风险。在最开始，3 条是个不错的数量，可以满足大多数顾客需要确定你是否真正懂行的需求。另外，还要避免使用那些堆砌对你的品牌的溢美之词的长篇荐语。让一位顾客信任你花不了多长时间，所以推荐语越简明越好。

2. 数据。你帮助过多少感到满意的顾客？你帮他们省下了多少钱？从他们跟你合作开始，他们的生意增长率是多少？你的潜在顾客需要的只是一句简单的陈述，比如邮件营销平台 Infusionsoft 的那句 "125 000 名用户信任（我们）获奖的自动化软件"[6]。除此之外，这还能为热爱数字、统计和事实的左脑型顾客解痒。

3. 获奖。如果你的成果获过奖，那么尽可以在你的页面

107

底部加上表示那些奖项的小标识或者提示。还是那句话，在这一点上没必要大做文章。但是，获奖记录对于赢得顾客的信任是有很大帮助的，哪怕他们从来都没听说过那些奖项。

4. 标识。如果你提供的是企业对企业的产品或服务，那就要在你的宣传材料中把跟你合作过的知名企业的标识放上去。顾客想知道，你是否曾经帮助其他企业克服过同样的挑战。如果他们能认出跟你合作过的其他企业，你就拥有了一份社会保证，证明你有能力帮助他们取得胜利。

花一分钟浏览一遍你的营销材料，问问自己有没有展示出自己的实力。记住，没必要吹嘘自己。推荐语、标识、获奖和数据就足以让顾客在心中的那张"信任"清单上完成核对了。他们向自己提出的问题是："这个品牌懂行吗？我把时间和金钱投给它，值吗？它真能帮我解决问题吗？"

如何营造一个绝佳的第一印象

当人们遇见你的品牌时，他们就好像遇见了一个人。他们想知道，你们两个能不能合得来，你能不能帮助他们改善生活，他们应不应该把自己的身份跟你的品牌联系在一起，以及最终他们能不能信任你。

哈佛商学院教授艾米·卡迪（Amy Cuddy）花了超过15年的时间来研究商业领导者如何才能营造出一种正向的第

一印象。卡迪把她的研究提炼成两个问题——人们每当遇见一个初识之人时都会问："我能信任这个人吗?"和"我能尊敬这个人吗?"她在《存在》（*Presence*）一书中解释说,人类赋予信任的价值如此之高,以至于只有在建立信任之后,一个人才会开始考虑进一步认识我们。[⑦]

当我们表达共情时,我们帮助顾客回答了卡迪的第一个问题:"我能信任这个人吗?"

展示实力则帮助我们的顾客回答了第二个问题:"我能尊敬这个人吗?"

我们在鸡尾酒会上给人们留下绝佳的第一印象,正是拜这两个特征所赐;而同样的两个特征,也能有效地帮助我们的品牌给潜在顾客留下一个绝佳的第一印象。

表达共情,展示权威,就可以让我们的品牌成为顾客一直在寻找的那名向导。这将显著地改变他们记住我们、理解我们以及最终接受我们的产品和服务的方式。

话虽如此,但即便顾客喜欢我们、信任我们,那也并不意味着他们就打定主意要下订单了。在顾客的感情和他们做出把辛辛苦苦赚来的钱花在我们提供的东西之上的那个决定之间,仍有一段不小的距离。他们接下来还在寻找什么?我们将在下一章进行讨论。

而你现在要做的事情,就是开展一场头脑风暴,思考如何通过表达共情和展示权威,来把自己定位成顾客生活中的向导。

清晰阐明你的信息，好让顾客聆听

- 可以访问 mystorybrand.com，创建一个故事品牌脚本，或是登录你已有的品牌脚本。
- 独立或与团队一起开展头脑风暴，思考你可以做出的共情陈述，要让你的顾客知道你关心他们的内部问题。
- 开展头脑风暴，找到能帮你展示实力和权威的多种方式，探索潜在的推荐语、证明实力的数据、赢得的奖项或者在你的帮助下获得成功的企业标识。
- 完成头脑风暴环节之后，做出故事品牌脚本上的两个决定，填好第三个模块。

得遇一位向导

共情

_____

_____

_____

权威

_____

_____

_____

_____

第7章

为他提供一套方案

故事品牌原则之四：顾客信任手握一套方案的向导。

当顾客的旅程行进到这一点时，我们已经认出了他们想要的那个东西，故事也开始了。然后，我们又定义了他们的问题，制造出我们能否帮他们战胜挑战这一谜题。接下来，我们通过表达共情和展示权威，作为一名向导上场，自我介绍，由此与顾客建立起信任关系。可是，在所有这些前提都得到满足的条件下，顾客依然没有下单的打算，为什么？这里还缺少某样东西。

如果我们已经把自己定位为向导，那么顾客就已经跟我们建立起一种关系。但是，购买并不是一种随意关系的特征，而是一种承诺关系的特征。当顾客下单购买时，他们其实是在说："我相信你可以帮助我解决问题。我真的深信不疑，所以我愿意为此痛下血本。我愿意跟我辛辛苦苦挣来的钱挥手告别。"

承诺对于我们的顾客来说是充满风险的，因为一旦做出承诺，他们就可能失去某些东西。大多数顾客还没有承担这种风险的打算。

当一位顾客纠结于是否购买某个东西时，我们应该想象他正站在一条湍急的溪流岸边。他真的想要对岸的东西，这一点没错，但是当他站在那里时，他听到了下游传来的瀑布飞泻的声音。万一他掉进溪里，会发生什么？如果他翻进了瀑布里，生活将变成什么样？当我们的顾客让他们的小小光标在"立即购买"按钮上方盘旋时，他们在潜意识中展开深思的就是这些问题：它万一不好用怎么办？我买这个东西会不会显得太蠢了？

为了打消顾客的种种疑虑，我们需要在那条小溪里摆上几块大石头。当我们摆定了这些石头之后，顾客就可以踩着它们跨过溪水。我们化解了大部分风险，并提升了顾客跟我们做生意的舒适水平。我们仿佛是在说："首先，踩上这里。看，很简单。然后，踩这里，再踩这里。然后，你就到对岸了，你的问题也将得到解决。"

在故事品牌框架里，我们把这些"石头"称为一套**方案**。

在《点球成金》这部电影里，（向导）彼得·布兰德为比利·比恩提供了一套可供他扭转自己棒球队颓势的方案。在这一系列步骤的展开中，比利开始使用一种算法来选择球员，而不再依赖他的老派教练团队提供的轶事证据。他开始信赖数字，并使用对冲基金经理运作对冲基金的方式来经营自己的球队。

几乎在你能想到的每一部电影里，向导都会给主人公提供一套方案。这套方案是主人公为了抵达高潮场景而不得不跨过的一道桥梁。洛基不得不使用反传统的方法进行训练；

乌龙兄弟不得不踏上一场全国巡回推销之旅；朱丽叶必须喝下药剂师递给她的毒药，才能骗她的家人相信她已死去，以此获得跟罗密欧在一起的自由。

方案凝聚了电影的焦点，为主人公指出了一条他可以走的"希望之路"——或是通往困难的解决之道。

方案营造了清晰感

方案可以表现为多种多样的形态与形式，但只要是有效的方案，都做到了如下两件事中的一件：要么清晰地阐明了某个人为何愿意与我们做生意，要么消除了某个人在考虑购买我们的产品或服务时可能出现的风险意识。

还记得"不清不楚，不战即输"这句箴言吗？没有方案，就是让你的顾客不清不楚。

在潜在顾客听我们做完一次主题演讲、访问了我们的网页或者读完了我们群发的邮件之后，每个人心里想知道的都是同一件事：现在，你想让我做什么？如果我们不引导他们，他们就会感觉有一点困惑，又因为能听见下游的瀑布声，所以他们就会拿那一点困惑作为不跟我们做生意的借口。

单凭我们想让他们下单购买这一事实，不足以构成打动他们的信息。如果我们卖的是一个储物设备，顾客可以把它安装在他们的车库里，那么当他们的光标在"立即购买"按钮上方盘旋时，他们会在潜意识里想要知道：这个设备对自己有没有用；它安装起来有多难；还有，它会不会跟自己上次买的东西一样，原封不动地被遗弃在车库里，连箱子也没拆。可是，如果我们讲清楚这个东西安装起来有多简单，并让他们知道，只需完成三个简单的步骤就能开始使用了，那么他们完成购买的可能性就更大了。

我们必须告诉他们的是……

1. 测量你的空间。
2. 订购尺寸合适的货品。
3. 使用基本工具，在几分钟内安装完毕。

即使这些步骤看起来再明显不过，在顾客的眼里也并非显而易见的。把石头摆在小溪里，会极大地提高人们跨过小溪的概率。

过程方案

在故事品牌里，我们已经明确了两种可供你鼓励顾客跟你做生意的有效方案。第一种方案，也是我们推荐给几乎每一位客户使用的，是一套过程方案。

过程方案可以描述一位顾客为了购买你的产品需要采取

的步骤，也可以描述这位顾客在购买之后为了使用它需要采取的步骤，还可能是两者的结合。

例如，如果你卖的是一件价格昂贵的产品，可能要像下面这样分解步骤：

1. 预约一个会面时间。

2. 允许我们设计一套订制的方案。

3. 让我们共同执行这套方案。

不管我们销售的是金融产品、医疗设备、大学教育还是任何其他复杂的解决方案，一套过程方案都能扫除顾客行程中的困惑，引导顾客采取后续步骤。

到目前为止，我主要讨论的都是我们可以摆放在小溪中引导顾客进行购买的石头，但别忘了还有另一种过程方案，那就是购买后的过程方案。当顾客很难想象自己在购买我们的产品之后如何使用它时，就是一套购买后的过程方案最好用的时候。例如，对于一款复杂的软件，我们可能要跟顾客讲清楚他在购买之后需要采取的步骤，甚或他需要经历的几个阶段：

1. 下载软件。

2. 把你的数据库并入我们的系统。

3. 革新你的顾客交互方式。

购买后的过程方案跟购买前的过程方案一样，也是旨在减轻困惑。如果顾客发现自己与一个复杂产品之间相隔甚远，那么他们就不太可能购买。而如果他们读到你的方案时，心里想的是"哦，这个我可以做，没那么难"，他们就会点击"立即购买"。

过程方案还可以把购买前和购买后的步骤结合在一起。例如：

1. 试驾一款车。

2. 买下这款车。

3. 终身享受免费维修。

再说一遍，任何方案成功的关键都在于为顾客减轻困惑。跟你做生意，顾客需要采取哪些步骤？把这些步骤讲清楚，就好像在一片田野上铺了一条人行道，会有更多人愿意穿过这片田野。

一套过程方案应该包括多少步骤？这是我们经常被问到的问题。当然，答案不是唯一的，但是我们推荐至少要有三步，最多不超过六步。如果跟你做生意要求的步骤多于六个，就把那些步骤拆分成阶段，然后再去描述那些阶段。在现实中，你可能要引导你的顾客完成20或30个步骤。但是，有研究表明，当你用信息轰炸顾客时，购买量会急剧下降。

记住，制作一套方案的全部意义只在于减轻顾客的困感。设计比四步更多的步骤，可能实际上不是减少了困惑，反而是增加了困惑。关键在于，要简化顾客的行程，让他们更愿意跟你做生意。

协议方案

如果说过程方案是要减少困惑，那么协议方案就是要减轻恐惧。

协议方案最好被理解为你跟你的顾客签订的一份协议清单，目的是帮助顾客克服跟你做生意时的恐惧。

我在之前提到车美仕的时候，曾说起他们如何消除了顾客对于不得不同二手车推销员打交道所产生的焦躁不安之感。他们用来传递顾客不必遭受这种内部恐惧讯息的工具之一，就是一套协议方案。车美仕的四点协议中就包括了对于顾客永远无须讨价还价的承诺。担心买到一辆次品？车美仕拒绝出售达不到他们所定标准的车辆，而且还为每辆车进行了一次检修，以确保它们能获得盖章形式的品质证明。[①]

如今，车美仕的销售量比身后最强的三名竞争者的销售量总和还多。2015 年，《美国汽车新闻》（*Automotive News*）把车美仕命名为毫无争议的二手车龙头。[②]正如我在第 5 章中所说，顾客的外部问题是对于一辆二手车的需求，而车美仕极少宣传解决外部问题的方案，反而把焦点集中于顾客的内部问题，也就是他们对于跟二手车卖家打交道的恐惧。他们利用一套协议方案减轻了这种恐惧。

协议方案可以有效提升你承诺提供的服务的感知价值。比如，纽特·金里奇（Newt Gingrich）的"与美国有约"（Contract with America）就是一套协议方案。纽特是一位来自佐治亚州的不那么有名气的议员，他通过与选民缔结合约，导演了一场同时接管参众两院的壮举。纽特只是提取了老掉牙的保守派言论要点，把它们列成一份清单，然后说："如果你们为我们投票，我们就把这上面的事全做了。"超过300名保守派立法委员在上面签了字，而纽特也在一夜之间有望成为总统候选人。

协议方案还能带来另外一种好处：它可以清楚地阐明我们和顾客共享的价值。全食公司的价值清单吸引了数百万人走进他们的店铺，而从各种方面来看，这份清单也是一份与顾客签订的有效协议——在保证他们的食物来源的同时，对社会和环境负责。

与过程方案不同，协议方案通常在背景中运作。协议方案不是必须（但也可以）呈现在你的网站主页上，但是当顾客开始了解你之后，他们就会对你的产品或服务形成一种更深层次的感知；而当他们最终看到你的协议方案时，他们也许能意识到为什么会产生这样的感知。

敲定一份协议方案的最佳方式是列举出你的顾客可能关心的跟你的产品或服务相关的所有问题，再用可以减轻他们的恐惧的协议来逐条回应清单上的问题。

如果协议方案足够简短（我们显然是简洁性的拥趸），你就可以把它贴在你们公司的墙上，甚至印在包装上或者购物袋上。

这套方案叫什么？

当你创建自己的过程方案或协议方案（或两者同时创建）时，不妨考虑给它们起个题目，以提升你的产品或服务的感知价值。例如，你的过程方案可以叫"简捷安装方案"或者"世界上最好的夜间睡眠方案"，你的协议方案可以把标题起成"顾客满意协议"或是"我们的品质保障"。给你的方案起标题，能让它在顾客的头脑里定型，提升你的品牌所提供的一切东西的感知价值。

给你的顾客提供一套方案，他们就会更愿意跟你做生意。你拨开了迷雾，让事情变得更加清晰，而且在溪流中摆好了石头，这样一来，他们就会很乐意继续下面的行程。

可是，在做出承诺之前，顾客还需要从你那里得到最后一样东西——他们需要你召唤他们采取行动。我将在下一章教你召唤顾客谈生意的正确及错误方式。

话说回来，首先，还是要花点时间确定你想要施行的一种或多种方案，用以消除顾客的恐惧和担忧，让他们愿意接纳你的品牌。

清晰阐明你的信息，好让顾客聆听

- 可以访问 mystorybrand.com，创建一个故事品牌脚本，或是登录你已有的品牌脚本。

- 独立或与团队一起开展头脑风暴，列出一位顾客为了跟你做生意需要完成的简单步骤（要么是一个购买前或购买后的过程方案，要么是二者的组合）。

- 你的业务会给你的顾客带来何种恐惧？为了减轻那些恐惧，你可以跟他们制定什么样的协议？充分利用你的品牌脚本中的注释功能，用更多的空间记录你的协议方案，再使用方案部分记录下方案的标题。

- 你跟你的顾客有共享的独特价值观吗？那些价值观能在协议方案中体现出来吗？

- 在你的故事品牌脚本中写下你的过程方案的步骤（和名称）。如果你制定的是一套协议方案，那么就只需在你的品牌脚本的注释部分归纳你将和顾客签订的协议。

■ 给他提供一套方案

过程方案

_____

_____

_____

_____

协议方案

_____

_____

_____

_____

_____

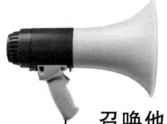

第**8**章

召唤他采取行动

故事品牌原则之五：除非受到激励，否则顾客不会采取行动。

当我们的顾客走到故事的这一步时，他是兴奋的。我们已经定义了一种欲望，确认了他的挑战，分享了他的感觉，表明了我们帮助他的实力，还给他提供了一套方案。但是，他还需要我们再做一件事：他需要我们召唤他采取行动。

请他们下单

在故事中，人物从来不会自发地采取行动。他必须受到激励，才会采取行动。在电影《雨人》（*Rain Man*）中，要不是因为接到了传达父亲死讯的电话，汤姆·克鲁斯扮演的人物绝不会大老远地跑去接他的兄弟。罗密欧如果不是对朱丽叶相思成疾，也不会偷偷爬进凯普莱特家的后院。艾丽·伍兹要不是被男朋友甩了，不会申请去哈佛读书。要不是自己的女儿被绑架了，连姆·尼森扮演的角色也不会飞到欧洲去追杀坏蛋。

人物必须受到激励才能采取行动，这是因为每一个坐在黑暗的电影院里的人都知道：如果没有什么事情逼迫他们行动，人类是不会做出重大的人生决策的。

如果我写出这样一则故事，说某一天，一个想要攀登珠穆朗玛峰的人看着镜子里的自己，下定决心要去完成这件事，那么我一定会失去观众，因为这不是人们做事的方式。正在休息的身体倾向于保持休息的状态，顾客也是一样。主人公需要受到外部力量的激励。

你有没有想过，为什么那些深夜促销广告节目的主持人一直在尖叫，"现在就打电话！不要错过！"他们一遍又一遍地大喊，好像要努力把人们从僵尸般的梦游状态中叫醒一样。他们这么做，正是因为他们要努力把人们从僵尸般的梦游状态中叫醒！

你的顾客每天都要接受超过 3 000 条广告信息的轰炸。除非我们大胆地发出召唤人们行动的呼喊，否则我们将被无视。而如果我们召唤行动的呼喊声太弱，我们也不会被注意到。

"立即购买"按钮的力量

我有一位朋友，他倒手买卖过将近一百家公司，深谙公司发展之道。当他为一家公司估值时，他要确认员工、产品和程序都处于健康稳定的状态。但他在一家公司中最看重的关键成分，就是这家公司有没有刺激他们的顾客下单购买。

我的朋友知道，让一家公司业务增长的最快途径，就是把对于行动的召唤梳理得更清楚，然后一遍又一遍地重复召唤。他的工作就是购买公司，发出更强有力的行动召唤，然后等公司的收益提高后再把它卖掉，就这样赚了数百万美元。

阻碍生意成功的最大拦路虎之一，就是我们以为顾客可以读懂我们的心思。我们想让他们下单，这于我们看来再明显不过了（不然，我们为什么要跟他们谈论我们的产品呢?），所以我们假定这一点在他们看来也是一个明显的事实。但其实不是。

在你的网站顶部右上角应该有一个"立即购买"按钮，而且它不应该夹在一堆其他按钮之间。在你的网站的首页和中央处，要不断重复同一句对于行动的召唤，让人们在上下滚动鼠标浏览网页的时候可以反反复复地看到它。

没有明确发出行动召唤的公司总让我想起我在遇见我妻子之前的约会经历。我想约一个女孩的时候，不会直截了当地说清楚，反而会说类似这样的话："咖啡挺不错，不是吗?你喜欢咖啡吗?"

提出这样的问题，到底是想让对方给出什么样的回应?反正这绝不是修成正果的办法。

长大之后，我意识到了清晰性有多么重要。事实上，我和我的妻子走到一起的方式，很可能是我在传达一切信息中能采取的最清晰的方式了。我远远地注意到贝特西（Betsy）已经有一段时间了，可是当我最终鼓起勇气想约她出来的时候，我发现她已经有男朋友了。但是，我处于被动的时间已经太长了。我一直希望她能注意到我有多么喜欢她，尽管我平时完全不理她。是时候发出一次强烈的行动召唤了。下一次见到她时，我把自己真实的感觉告诉了她，还说我想在 30 天后给她打电话，跟她约会。我说，她需要先甩掉那个男的，好避免事情尴尬。

神奇的是，30 天后，她真的跟那个男人分手了，我们开始约会。我们在大概一年以后就结婚了。现在，我们正忙着生孩子。我们可能要给孩子起名叫"立即购买"，好提醒每个人：清晰的行动召唤有多重要。

这个故事的主旨在于，人们没有超感官能力（ESP），他们不能读懂我们的心，也不知道我们想要什么，即便那看上去已经很明显了。我们必须明明白白地邀请顾客跟我们一起踏上旅程，不然的话，他们就不会那么做。

当我还是个孩子的时候，深夜电视节目里有一个男的，总是拿一把锯将床垫锯断。他会朝着镜头大喊，说他已经疯了，正在吐血甩卖所有的家具。我觉得，我们很多人都不太敢去打听这次打折活动，因为我们不想让自己看上去跟那个家伙一样。

没错，我们不想持续不断地用直接的行动召唤敲打我们的顾客。但是，在同我们合作过的数千家客户里，我们至今还没有遇到过有谁宣扬过度了。大多数人觉得他们宣扬得太过了，可事实上，他们对于行动的召唤比低声耳语还要轻柔。

你相信你的产品吗？

现实就是，当我们试图靠运气销售时，我们传达出来的是对自己产品信任的缺失。如果我们没有清楚地提出销售请求，顾客就会感知到一种软弱。他感知到我们想要的是施舍，而不是要改变他的生活。顾客寻找的不是充满怀疑且缺乏肯定性的品牌；他寻找的是可以帮助他解决问题的品牌。

如果我们可以把顾客的故事变得更好，那么我们有什么理由不敢邀请他跟我们做生意呢？一部电影中的向导必须直接告诉主人公，他想让主人公做什么，否则剧情就会乱成一团，观众也会开始做白日梦。

召唤行动的两种类型

在故事品牌里，我们推荐两种召唤行动的类型：直接式行动召唤和转化型行动召唤。它们的运作方式很像一段关系的两个阶段。

假设我们请顾客来买我们的东西，但是他不肯买。谁也不知道因为什么，反正他就是不买。没有理由仅仅因为他还没做好准备就结束这段关系。我坚信要尊重没做好准备的人，同时我也是零压力销售的粉丝。可话说回来，我还是想要加深这段关系，好让他一旦需要我卖的东西就会想起我来。我用来加深这段关系的方法就是转化型行动召唤。

直接式行动召唤包括"立即购买""预约时间"或者"今天就打电话"这类请求。直接式行动召唤是某种导向成单的东西，或者至少是通往成单路上的第一步。

相比之下，转化型行动召唤包含了更小的风险，而且常常为顾客提供某些免费的东西。转化型行动召唤可以用来让潜在的顾客驶入通往最终购买的"匝道"。邀请人们观看一场在线研讨会或者下载一个 PDF 文件是转化型行动召唤的典范。

把关系的隐喻向前推进一步，则转化型行动召唤就好像在对你的顾客说："你愿意跟我约会吗？"而直接式行动召唤就好像在问："你愿意嫁给我吗？"

在我们的营销材料中，总有一种直接式行动召唤和一种转化型行动召唤。我们跟顾客之间的那场隐喻式的对话要像下面这样展开：

我们：你愿意嫁给我吗？

顾客：不愿意。

我们：你愿意再跟我约会一次吗？

顾客：我愿意。

我们：你现在愿意嫁给我吗？

顾客：不愿意。

我们：你愿意再跟我约会一次吗？

顾客：当然了，你很风趣，而且你提供的信息对我帮助很大。

我们：你愿意嫁给我吗？

顾客：好吧，我现在愿意嫁给你了。

作为一个品牌，追求顾客是我们的任务。我们想要了解他们，也想让他们了解我们，但我们是需要采取主动攻势的一方。

那些一遍又一遍提出请求的人终将得偿所愿

很多年前，我在为一个国际洗发水品牌准备一次主题演讲报告时，我的平面设计师正忙着别的项目，无暇顾及我。我不想多等，于是决定把这次报告外包给一家设计工作室。我上网搜索专门制作报告的店铺，找到两家可以帮忙的本地工作室。

我访问的第一个网站，设计十分精美——文本下方加载了一段循环播放的视频，解释这家设计工作室的价值和优势。我大概花了 20 秒的时间欣赏这个网站的外观，在这之后，我开始搜索关于如何跟他们谈生意的信息。结果，我什么都找不到。他们展示了过去完成的项目样例、几条推荐语和一个我可以拨打的电话，但是没有直接的、清晰的行动召唤。所以，我决定再去看看他们竞争者的网站。

另一家公司的网站远没有那么华丽，但是它敢于清晰表达。"如果你做报告有困难，我们可以帮你打出大满贯。"事实上，我真的遇到了困难，他们说中了我的内部恐惧。他们还描绘了一个高潮式的场面：一次大满贯全垒打。然后，他们向我发出了邀请——他们提供一份标题为"出色的报告者做对的五件事"的 PDF 文件，这让我感到非常好奇。我下载了这份 PDF，然后几分钟就把它读完了。他们的转化型行动召唤赢得了我的信任，并为他们在我的故事中争取到了向导的位置。他们看上去也挺权威的。此外，在他们的网站上，还设置了一个"现在预约"按钮，而因为他们已经陪我"吃过饭""喝过酒"了，我就点了那个按钮。我再也没有返回第一家设计网站（别忘了，那一家的外观要好看得多）；不久之后，我高高兴兴地开了一张几千美元的支票，交给了那家清清楚楚地激励我采取行动的公司 。

直接式行动召唤

这一点重复多少遍都不嫌多：你的网站上应该有一个明

显的按钮，而且它应该是直接式行动召唤。当我说"一个明显的按钮"时，我的意思不是"只有一个按钮"，而是能够凸显出来的一个按钮。变色、放大、加粗——想尽一切办法突出这个按钮。然后，让这个按钮一遍又一遍地重复出现，好让人们上下滚动页面的时候总能看到。

我们的顾客应该每时每刻都知道：我们想跟他们结婚。即便他们还没有做好准备，我们也应该不断地说出来。你永远都不知道他们打算什么时候做出承诺，而一旦他们做好了打算，你就要单膝跪地、手捧鲜花、微笑拍照。

下面是几个直接式行动召唤的例子。

● 一键下单

● 即刻致电

● 现在预约

● 马上注册

● 立即购买

直接式行动召唤可以出现在每封群发邮件的结尾处、公司的标志上、电台广告里乃至电视广告当中。可以考虑把直接式行动召唤加入每一名团队成员的邮件签名里。而如果你真的想把这一点说清楚，也可以把它印在你所有的名片上。要点是明确我们想让顾客做什么：购买我们的产品，好让我们可以帮助他解决问题。

转化型行动召唤

直接式行动召唤既简单又明显（但是远远没有得到充分利用），而转化型行动召唤对于扩大你的生意也可以发挥同样的效力。事实上，故事品牌在成立第二年就成长为一家市值数百万美元的公司，唯一的基础就是对于转化型行动召唤的利用。认识到大多数客户都在使用故事品牌框架修改他们的网站以后，我们就发布了一份免费的 PDF 文件，题目是"你的网站应该包括的五样东西"。数千人下载了这份文件。在这份 PDF 文件的后面，我们配了一则宣传故事品牌营销工作坊的广告。在接下来的 12 个月里，我们在营销上一分钱没花，就让收益翻了一番。

一种好的转化型行动召唤可以为你的品牌提供三点有力的帮助：

1. 圈定你的领地。如果你想成为某个领域中知名的领先者，就要在竞争者盖过你风头之前圈定你的领地。建立权威的一个绝好办法，就是制作一份 PDF 文件、一套系列视频或者其他可以把你定位为专家的东西。

2. 创造互惠关系。我从来都不担心透露太多免费的信息。事实上，一个品牌越是大方，其创造的互惠价值就越大。所有的关系都是有来有往的，你给予顾客的东西越多，他也就越可能在未来还给你更多的东西。尽情地赠予吧！

3. 把你自己定位为向导。当你帮助你的顾客解决一个问题时，即便是在免费的情况下，也要把自己定位在向导的角色上。等到顾客下一次又在生活的这一块遇到问题时，他就会回来找你帮忙。

转化型行动召唤的形状和规模可谓千变万化。下面几点想法，可以帮你创造出属于自己的转化型行动召唤。

● 免费信息：创作一份白皮书或者一份免费的 PDF 文件，来为顾客提供你专业领域的知识普及服务。这会把你定位为顾客故事里的向导，并创造出一种互惠关系。教学视频、播客、在线研讨会甚至网络直播都是极好的转化型行动召唤方式，可以把顾客引入通往购买的匝道。

● 推荐语：创作一段视频或一份 PDF 文件，收入来自满意顾客的推荐语，这会在潜在顾客的头脑中植入一幅故事地图。当他们看到其他人的故事有一个成功的结局时，他们也会想要为自己争取同样的结局。

● 样本：如果你能给出一些产品的免费样本，那就发出去。为顾客提供试驾一辆车、品尝你产品的味道、听一段你的音乐或者试读几页书的机会，是向潜在顾客介绍你的产品的绝佳途径。

● 免费试用：提供限时的免费试用可以作为一种风险保护措施，引导你的顾客驶入匝道。一旦他们试用过你的产品，可能就没办法离开它了。

把点连起来

故事品牌曾经跟一家保健诊所合作过，他们专门提供体检、药检、小病医治和打针服务。这家诊所的基本业务来自需要员工药检的企业，他们的生意始终停滞不前，没有增长。顾客进门购买一套产品，但是对于诊所提供的其他东西一无所知。

故事品牌的一位导师在参观这家诊所时注意到，他们需要创造清晰的直接式和转化型行动召唤。

顾客走进诊所，在登记表上签字，注明日期，然后在等待护士的时候就坐在大厅里读杂志或者看电影。当故事品牌的一位持证导师为诊所进行咨询时，她建议诊所老板把杂志和电视拿走。她鼓励他们创造一种转化型行动召唤来代替杂志，也就是一份让顾客可以自我评估健康状况的"健康身体检查表"。这张检查表里要包括类似"你每天下午两点钟的时候会不会感到疲惫？"和"你对于自己现在的体重满意吗？"这样的问题。等顾客结束了他们的药物过敏测试或查血之后，我们建议护士查看每一位顾客的检查表，并让他们知道诊所可以提供的解决方案。然后，接待员把顾客的数据录入他们的电子邮件营销系统，这样就可以根据顾客的标签开展自动化的营销活动。如果顾客看起来需要更多的维生素

B，他们就会收到一系列解释每月注射维生素 B 的好处的电子邮件，同时还会接收到引导他们进行下一次预约的清晰的行动召唤。

哪种转化型行动召唤是你可以发出来，助你壮大生意的？你的直接式行动召唤是否足够清晰、重复得足够频繁？如果不是的话，你的顾客很可能不知道你想让他们做什么。记住，人们总是亲近清晰而疏远含混。拥有清晰的行动召唤，意味着顾客不再困惑，明白跟你做生意需要采取哪些行动。

利害得失是什么？

当顾客决定购买我们的产品时，怎样才能提升这些产品的感知价值，并加深他对我们品牌的正向体验呢？怎样才能让我们邀请他进入的那个故事变得引人入胜，让他等不及翻到下一页呢？

在接下来的两个模块里，我将教你如何通过精确定义利害得失来加深顾客对你的品牌的体验。

但是，在我们展开下一步之前，还是先要开展头脑风暴，给出你有可能收入故事品牌脚本中的行动召唤，以便继续把你的生意讲得更加清晰。

清晰阐明你的信息，好让顾客聆听

- 可以访问 mystorybrand.com，创建一个故事品牌脚本，或是登录你已有的品牌脚本。
- 决定你想在你所有的营销材料里突出呈现的直接式行动召唤。
- 开展头脑风暴，给出你能创造出的所有转化型行动召唤，用它们圈定你的领地、与你的顾客建立起互惠的关系，并为你的品牌争得向导的位置。
- 在你的故事品牌脚本中，完成"行动召唤"部分。

召唤他采取行动

直接式行动召唤

_____

_____

_____

转化型行动召唤

_____

_____

_____

_____

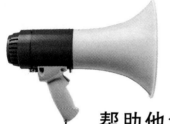

第**9**章

帮助他免于失败

故事品牌原则之六：每个人都在努力避免悲剧的结局。

一则故事的成功与否悬于一个问题之上：主人公会成功，还是失败？贯穿故事始终，讲故事的人都在为一个潜在的团圆结局和一个潜在的悲惨结局做铺垫。只要讲故事的人让主人公在成功与失败的边缘摇摆不定，听众的心就会一直悬着。

主人公在故事里只有两种动机，一是逃避某种不好的东西，二是接纳某种很好的东西。生活同样如此。我们逃避痛苦的欲望推动着我们寻求解决问题的方案。

如果讲故事的人没有清晰地让听众知道，若是主人公不克服挑战，将有哪些不好的、糟糕的、可怕的事情降临在他们身上，那么这个故事就没有利害得失，而没有利害得失的故事就是无聊的故事。

照理来说，一部电影中的每一个场景都必须回答这个问题：主人公有什么样的利害得失？每段对话、每场追逐戏、每个反思式的蒙太奇镜头，都应该对电影起到同一种作用：要么推着主人公更接近可能降临到他们身上的那个悲剧结局，要么把他们从悲剧结局那里拉远。

我们在夏洛蒂·勃朗特的《简·爱》中无法自拔，是为了发现爱德华·罗切斯特一直隐藏的黑暗秘密。

我们在看《大白鲨》的时候，心一直吊在嗓子眼儿上，因为我们知道，如果警察局局长马丁·布罗迪不做点什么的话，善化岛上的居民可能都会惨遭杀害。

设想在一个故事里，主人公身上不会发生什么不好的事情；设想在一个爱情故事里，一对情侣一帆风顺地迈入了美满而轻松的婚姻殿堂；设想在一部动作片里，主人公不得不毁掉的一枚炸弹其实是一枚哑弹，没有人身陷险境。那么，观众还能关心什么？

每一位顾客的心里都藏着一个"那又怎样"的问题。如果一个品牌商不告诉他们的顾客，不购买他们的产品将会导致什么后果，那么这个品牌就回答不了顾客的这个问题。

梅亭在哪里？

好事达保险公司（Allstate Insurance）的长期宣传形象梅亭（Mayhem）由演员迪恩·温特斯（Dean Winters）扮演，他幽默地塑造了各种意外：从阁楼里的浣熊，到车尾派对上的烧烤引起的失控大火。梅亭总是跟好事达的安然静好形成鲜明对比，后者提出的问题是："你把自己交到可靠的人手里了吗？"

2015年，好事达在广告代理商里奥·伯内特（Leo Burnett）的推波助澜下，把这场宣传提升到了一个更高的水平。在新年举办的砂糖碗（Sugar Bowl）比赛现场，好事达发起了一场名为"警觉分享计划"（Project Share Aware）的活动。活动的宗旨是让人们警觉：在社交媒体上分享自己的所在地可能会给罪犯提供入室盗窃的提示。

为了启动这个项目，好事达找到了一对夫妇，让他们相信自己获奖了。他们登门拜访了这对夫妇，并偷偷地拍了室内家居用品的照片。随后，他们用跟他们的物品一样的复制品，在一个摄影棚里还原了他们的家。他们邀请这对夫妇前往砂糖碗现场，还给他们安排了专属的私人包厢。在比赛过程中，梅亭开始在一个全国直播的电视台拍卖这对夫妇的财物。人们被指引去 Mayhemsale.com 网站上抢购那些一律低价的商品：从那对夫妇的二手车到一只陈旧的大号。当这对夫妇在比赛现场的大屏幕上看到他们的物品正在被拍卖时，他们大惊失色。隐藏的摄像机捕捉到了他们的反应，并通过电视直播公布出去。

当然，这对夫妇实际的财产是安全的。尽管如此，这场活动却激起了很多美国人心中的一种恐惧。事实上，覆盖全国的新闻电台都对这个故事进行了报道，包括 ABC 新闻、《华尔街日报》和《纽约时报》。一时间，因为在社交媒体上公开地址而招致的罪犯入室威胁引发了一种全国性的恐慌。

结果是什么？紧随着每则广告，Mayhemsale.com 上每秒的点击量达到了 6 000～10 000 次。网站在比赛期间共获得了 1 800 万次点击。同时，♯Mayhemsale 在比赛期间飙升进标签排行榜的前十位，而在广告播出后激跃至全球第一位。梅亭的推特粉丝在比赛期间增加了 24 000 名，而活动的第一则广告在脸书上收获了 2 000 多万次阅读和 7 万次左右的点赞。[①] 好事达在一场橄榄球比赛的时间里为他们的顾客铺垫出一种潜在的破产，并出售给他们一种保护他们的保险产品：既打开了一只故事之环的口子，又在同一场活动中给出了使这只环闭合的提议。

当然，不是每个人都拿得出几百万美元来搞这样一次活动。但是，要从对于不跟我们做生意的隐患的描绘中获益，并没有想象中那么难。博客主题、电子邮件和网站上的句子都可以包含隐患的元素，让顾客在遇到我们的产品或服务的时候产生一种紧迫感。

有什么可失去的？

说回营销，显见的问题是：如果顾客不购买我们的产品，他将失去什么？

有些人刚刚不免心中一凛。我很理解。当想到要拿迫在眉睫的灾难"警告"顾客时，我曾经也心生怯意。为什么不呢？我最不想做的就是散布恐惧心理，因为散布恐惧心理者真的无法在市场上立足。可是，散布恐惧心理是 99.9％的企业领导者都无须纠结的问题。我们大多数人都在为相反的问题挣扎。我们对于利害得失中的弊端提及不足，所以我们讲的故事就沦为平淡乏味的白开水。记住，没有利害得失，就没有故事。

损失厌恶赋予人们动机

强调潜在的损失不仅利于讲故事，也符合行为经济学。1979 年，诺贝尔经济学奖获得者丹尼尔·卡内曼（Daniel Kahneman）发表了一项有关人们为何做出特定购买决策的理论，名为预期理论（Prospect Theory）。这种理论认为，人们因为损失而不满的可能性比因为获得而满足的可能性更大。换句话说，相对于赢得 100 美元的喜爱，人们对输掉100 美元的讨厌更强烈。这当然也就意味着，损失厌恶是比潜在收益更强大的消费动机来源。事实上，根据卡内曼的理论，在某些特定的情境中，人们为免于损失而做出改变的动机，要比为寻求收获而改变的动机强两到三倍。[②]

林登·贝恩斯·约翰逊（Lyndon Baines Johnson）在为1964 年《民权法案》的通过而努力时，面临着来自南方保守派政党领袖无休止的压力。拒绝拥护立法的主要领导人之一是当时的亚拉巴马州州长乔治·华莱士（George Wallace）。华莱士在立法一事上没有投票权，可是他的影响力一直在威胁法案的通过。在协商的关键时刻，约翰逊找华莱士面谈，劝说他最好站在历史的正面。约翰逊说，华莱士的身后之名正悬于一念之间，后人要么会为了纪念他而建起一座雕塑，要么会把他作为挑拨仇恨之人刻在历史的耻辱柱上。选择权在他自己手上。约翰逊完成了叙事，并强调了利害得失，包括遗臭万年的可能性。当然，《民权法案》最终通过了。

那么，我们如何在营销中利用来自失败方面的信息呢？多米尼克·因凡特（Dominic Infante）、安德鲁·兰瑟（Andrew Rancer）和迪安娜·沃马克（Deanna Womack）在他们合著的《构建传播理论》（*Building Communication Theory*）一书中提出了名为"恐惧诉求"（fear appeal）的四步过程：

第一步，我们必须让读者（或听众）知道，他们正暴露在一种威胁当中。例如："将近30%的家庭都有白蚁成灾的迹象"。

第二步，我们应该让读者（或听众）知道，既然他们容易受到侵害，就应该采取行动来降低受害的可能。"既然没人欢迎白蚁，你就该拿出行动，保护你的家。"

第三步，我们应该让读者（或听众）了解保护自己免于风险的一种特定的行动召唤。"我们提供一整套家庭维护方案，保证你的家宅免受白蚁侵扰。"

第四步，我们应该激励人们采取这种特定的行动。"今天就给我们打电话，预定你的家庭维护方案。"③

就其实质而言，因凡特、兰瑟和沃马克就是先用一种和缓的方式激发一种恐惧，再照亮一条可以引导读者（或听众）返回宁静与安稳的路径。

恐惧是食谱中的盐

我们不需要在讲给顾客的故事中使用大量的恐惧。只要在食谱中加一小撮盐*就够了。虽然为了完成我们的品牌脚本，需要从失败的范畴中提取一点东西，但是太多关于迫在眉睫的灾难的警告反而会把顾客吓跑。

因凡特、兰瑟和沃马克解释了其中的原因：

> 如果接收者感到十分恐惧或者一点儿也不感到恐惧，那么态度或行为上的变化就不会发生。高水平的恐惧强度太大，以至于个体直接屏蔽了它们；低水平的恐

---

　　*　a pinch of salt，表面意义是一小撮盐，引申义为不可尽信的事。这里，作者使用了双关义，但是为了配合整体的"食谱"隐喻，还是翻译为"一小撮盐"。——译者注

惧则太过微弱，无法产生想要的效果。只有包含适量的唤醒恐惧的内容时，信息才能最有效地带来态度和/或行为上的变化。[4]

你帮助顾客避开了什么?

你帮助顾客免于何种恶果? 顾客会损失金钱吗? 如果他不接受你的服务，有健康上的风险吗? 机会成本呢? 他跟你合作，能比跟你的竞争者合作赚到或节省更多的钱吗? 他的生活质量会因为忽略了你而下降吗? 不跟你做生意的代价是什么?

如果你是一位财务顾问，你帮助顾客豁免的清单大概是这副模样:

- 不清楚你的钱是如何被拿去投资的
- 没准备好退休
- 你的财务顾问缺乏透明度
- 跟你的顾问缺乏一对一的交流
- 有不被察觉的隐藏费用

我们甚至可以想象出一个悲剧的场景: 如果我们的顾客不买账，他们就要陷入这场悲剧当中。我们的财务顾问可能会写下类似这样的话：

> 不要延迟退休。你已经努力地工作太久了，早该跟
> 子孙一起享受天伦之乐了。

下面的例子，是故事品牌的客户正在帮助他们的顾客避免的损失清单：

Perkins Motorplex（二手车公司）

- 被二手车推销员"扒皮"
- 一辆次品车栽到了手里
- 感觉被占便宜了

Rely Technology（家用音频和视频公司）

- 生活在一个无聊的家里
- 没人愿意来你们家看球赛
- 你需要一名博士来帮你打开电视机

Aerospace Market Entry（航天设备制造商）

- 产品失灵，损害你的名声
- 效率低下的生产
- 被竞争者超越

WinShape Camps（儿童夏令营）

- 一个漫长而无聊的暑假
- 一群不消停的孩子在家里闹腾不安

● 后悔浪费了暑假

你可以看到，把这些想法加入各个客户的营销材料里，能从整体上给他们的故事带来一种完整感和紧迫感。

在你的故事品牌脚本的这一模块里，只需要给出几个句子即可。你将会注意到：在成功模块中，你需要填写更多的内容。这当然是故意安排的。你只需要用少量可怕、低劣和糟糕的东西警告你的顾客，把意思传达到就好了。如果太多，你的顾客就会心生拒斥；如果太多，他们就不知道你的产品到底有什么要紧之处。

一旦明确了利害得失，你的顾客就有了动力去抵抗失败。接下来，我们将帮他想象，当购买了你的产品或服务之后，他的生活将变成什么样子，以此进一步增强他的动机。当顾客看到你提供的东西以及它能如何帮助自己改善生活时，你就已经把利害得失纳入叙事当中了，顾客的忠诚度也会随之提高。但是，首先，让我们来警告一下顾客：不跟你做生意有什么后果。

清晰阐明你的信息，好让顾客聆听

● 可以访问 mystorybrand.com，创建一个故事品牌脚本，或是登录你已有的品牌脚本。

● 开展头脑风暴，给出你要帮助顾客避免的负面后果。

● 在你的故事品牌脚本上写下至少三条后果。

帮助他免于失败

‧ ＿＿＿＿＿＿＿＿＿＿＿＿

‧ ＿＿＿＿＿＿＿＿＿＿＿＿

‧ ＿＿＿＿＿＿＿＿＿＿＿＿

第**10**章

最终获得成功

故事品牌原则之七：绝对不要假定人们能理解你的品牌
将如何改变他们的生活。要告诉他们。

很多年前，一位朋友送我一句迄今为止我听到过的最好的领导力建议。他说："唐*，永远不要忘记，人们想要被带到某个地方。"

我发现那个建议适用于我的家庭、我的团队、我写的书和我发表的演讲。它显然也适用于我们的市场营销。

你的品牌将把人们带向何处？你会把他们带到财务安全之处吗？或是带他们有朝一日搬进理想住所？还是带进一个与朋友共度的愉快周末？如果不知道这一点的话，每一位潜在顾客都会问：你们能把我们带到哪里？

罗纳德·里根把美国展望成一座屹立于山巅的光辉城市。比尔·克林顿许诺搭建一座通往 21 世纪的桥梁。勾勒出一幅清晰而远大的愿景，总能让总统候选人受益。

领导者是通过为故事铺垫一个潜在的成功结局，或者用来自沃顿商学院的斯图·弗里德曼（Stew Friedman）的话说，是通过定义一个"可以实现的未来的诱人意象"①，来俘获听众的想象。

---

*　即唐纳德的昵称。——译者注

成功的品牌与成功的领导者一样，也要清晰地言明：当一个人接受他们的产品或服务后，生活会变成什么样子。耐克承诺给每一位运动者带来灵感与创新。同样，星巴克也奉上给顾客的启发和滋养：每次一杯。多年以来，美国男装都在许诺"你将喜欢你看起来的样子"，他们甚至还对此做出了担保。

没有愿景，人会凋零。品牌亦如是。

在故事品牌框架最后也是最重要的一个元素里，我们将为顾客提供他们最想要的东西：给他们的故事一个成功的结局。

结局应该具体而清晰

我们在跟故事品牌的客户合作时遇到的问题之一，就是他们为顾客的未来描绘的蓝图太过模糊了。没有人会为了一个含混不清的幻影而感到兴奋。故事不应该是模糊的，而应该是明确的；它们讲述的是发生在具体的人身上的具体的事。否则，它们就不再是故事了，而只是云山雾罩的高调理念。

在《空军一号》（*Air Force One*）中，哈里森·福特（Harrison Ford）饰演的主人公为了让白宫恢复安宁，不得不击败恐怖分子。《永不妥协》（*Erin Brockvich*）中的埃琳·布罗克维奇必须要在同太平洋煤气与电力公司的官司中获胜，才能为加州辛克利的市民争得正义。在好的故事中，解决方案必须有明晰的定义，这样观众才精确地知道要对什么抱有希望。

做到明确是至关重要的。如果肯尼迪抛出的畅想是一个"具有高度竞争力和生产力的太空项目"，那么只会让世人感到厌倦。相反，他具体地定义了这份野心，由此鼓舞了国人："我们要把人类送上月球。"

之前和之后

我的朋友瑞安·戴斯（Ryan Deiss）在数字营销家（Digital Marketer）创造了一个很棒的工具，可以帮助我们想象出顾客购买我们的产品或服务时将体验到的成功。

瑞安设计了一张简单的表格（见下表），让我们可以从中看出：当顾客聘用我们之后，他的生活将变成什么样子，他将会有什么样的感觉，他每一天的生活将有什么改观，以及他将拥有什么样的新身份。

	选择你的品牌之前	选择你的品牌之后
他们拥有什么		
他们的感觉如何		
日常生活的样子		
他们的身份是什么		

为你的品牌填写这张表格是一项很棒的训练。一旦你知道顾客在选择你的品牌之后将迎来什么样的生活变化，你也就掌握了大量可以用在你的营销材料里的资源。

下一步就是把它说清楚。我们必须告诉顾客，当他们购买我们的产品之后，他们的生活将有何改观，否则的话，他们不会有任何购买动机。我们不得不在主题演讲、群发电子邮件、网站和一切地方谈论我们为他们的生活铺设的那个目的地想象。

在我们把一种畅想传达给顾客时，意象也是很重要的。如果你卖的是厨房地板，你的网站上可以展示出一个幸福的妈妈把她的孩子从美观而闪亮的厨房地板上抱起来的画面。如果你卖的是教育，就把教室里学生们在你为他们提供的环境中享受学习时光的画面呈现出来。不管你卖的是什么，都要让我们看到人们幸福快乐地沉浸于产品之中的景象。

如何为顾客的故事收尾

最终而言，你的品牌脚本的成功模块，应该就是为顾客的问题拿出的一份解决方案清单。如果顾客的问题解决了，他的生活在外部将呈现出什么样子？就这一点展开头脑风暴，然后想想那种结局将给他带来什么样的感觉，再考虑一下为什么解决了他的问题会让这个世界成为一个更好的生存之地。当我们解决了顾客的内部、外部和哲学问题之后，我们就真正创造出了一个令顾客的故事得以圆满的结局。

如果你想更加深入地把握结尾的概念，不如研究一下讲故事专家为大多数故事收尾的方式。几个世纪以来，讲故事者已经了解到，真正给听众带来终结和满足感的东西究竟是什么。

讲故事者为故事收尾的三种主要方式是让主人公：

1. 赢得某种力量或地位；

2. 与让他们达成完满的某人或某物联合；

3. 经历某种同样会令他们完满的自我实现。

这是三种用得最多的故事结尾方式，也就是说，它们是大多数人的三种主要心理欲望。

如果我们的品牌能够承诺一种与这三种强烈欲望之一相关的解决方案，那么我们的品牌脚本就会发挥奇效，而我们的信息也将看上去诱惑十足。

让我们更加仔细地审视一下这三种欲望。

1. 赢得力量或地位（对于身份的需要）

当我还在念高中时，上映了一部名叫《爱是非卖品》（*Can't Buy Me Love*）的电影，剧中有一个惹人喜爱的小人物，名叫罗纳德·米勒，他爱上了广受欢迎的啦啦队队长辛迪·曼奇尼。对我而言，遗憾的是，罗纳德这个人物在学校里太不受人重视、存在感太弱，以至于大多数人把他错叫成唐纳德——你可以想象，我因此遭到多少人的取笑。

尽管如此，人人都爱看那部电影。为什么？因为到最后，罗纳德显然追到了那个女孩儿。然而，他获得的不仅仅是一个心上人而已；他还获得了一种身份。他因为赢得了辛迪的芳心，从而成为最受欢迎的孩子之一，或者更准确地说，他意识到了努力成为其他人就是在浪费时间，而这份觉悟当然让他变得更受欢迎了。

不管怎么说，每个人都想要一种身份——大量的"成长"故事足以为此证明。在这类故事中，主人公意识到他已经掌握了跟大人物同台竞技的本领。

正如我在本书的前文提到的那样，我们大脑的首要功能就是帮助我们生存和健康成长，而生存的一部分就意味着获得身份。如果我们的品牌可以协助顾客在社会语境中变得更受人喜爱、尊重与欢迎，我们就是在提供某种他想要的东西。

那么，我们怎么才能为顾客提供身份呢？方法不一而足。

提供权限。我的妻子热衷于使用她的星巴克会员卡，因为它可以积分，这让她获得了一种身份，而且偶尔还可以享用一杯免费的拿铁。我们围绕这种身份的无形性展开过很多次讨论，可是我如今已经学会了不去争辩。她为自己正朝着某种绚丽的钻石级身份接近而激动不已；我相当确信，那意味着她可以在汽车购买窗口插队了。

打造稀缺。提供有限数量的某种特定商品会创造一种稀缺性，而拥有某种稀缺之物通常被视为身份的象征。当吉普在他们的大切诺基车后贴上一枚印着"限量款"的徽章时，就是在鼓吹这种豪华 SUV 的稀缺。

提供尊享。大多数企业都是从小部分客户手中赚到了70％或更多的收益的。但是，极少有人识别出这些客户，并为他们提供一个诸如"首选"或"钻石会员"的头衔。我很享受国家汽车供应公司的"翡翠俱乐部"成员身份，因为它意味着我可以绕过柜台，跳进一辆车里，直接把它开走。我们甚至为跟我们合作的一家非营利品牌也推荐了一个与身份相关的称谓。当人们知道自己是"领衔捐款人"时，他们就更愿意捐款了，而如果他们还享有一些特权，比如获悉来自创办者的最新消息，或者在募捐中接触到其他领衔捐款人，那么他们捐款的意愿还能变得更加强烈。

提供身份关联。像梅赛德斯和劳力士这样的至尊品牌，出售的一半是奢侈、一半是身份。身份值这么多钱吗？这就因人而异了。身份确实能帮人广开门路：这些品牌通过把品牌及顾客与成功和高雅关联起来，为顾客赋予了身份。

2. 让主人公达成完满的联合（为追求完整性而对某种外部事物的需要）

故事通常以有情人终成眷属结尾，究其原因，与对爱或性的欲望几乎毫无关系。倒不如说，男性与女性特征的联合满足了读者追求完整性的愿望。

当王子救出公主，二人在电影的结尾处牵手成婚时，观众在潜意识里也在体验着两者的合一。潜意识里的想法是：为了达成完整，男人需要变得更像女人，女人则需要变得更像男人。

话虽如此，这种通过外部资源得到满足的需求并不一定要包含一场婚礼，甚至连男性或女性这两种性别的人物都不是必须同时出现的。例如，一名在某方面有缺陷的超级英雄，可以得到在故事结尾处才现身的另一位超级英雄的援助。

这种类型的结尾有一个核心主旨，即人物需要得到另外的某人或某物的救助，才能使自己完整。在爱情故事里，当然就是指男女特征的结合，但是这类故事满足的情感需求不限于此，它的关键在于借助外部条件使自己达成完整。

那么，我们可以通过哪些方式来为寻求完整或完满的顾客提供外部帮助呢？下面略举几例。

减轻焦虑。多年以来，那些出售洗涤灵和玻璃清洁剂等日常用品的品牌商几乎都把自己的产品喜剧化地定位为一味抗焦虑的药方。广告里的主人公在使用产品时，心头的阴霾一点点消散，直到最后，他们终于能够在擦净的盘子里对着自己明媚的面孔焕发光彩，然后，他们就步入了夕阳的余晖。这个品牌真正提供的东西是什么？对于一项工作圆满完成的满足感，一种房间总算变干净的终结感，还是一种更好的、更安宁的生活？使用你的产品会带来压力的释放和完整的感觉吗？如果是的话，那么就在你的营销材料里谈论它，并把它展示出来。

减少工作量。没有正确工具的顾客必须更辛苦地工作，因为……这么说吧，他们是不完整的。可是，要是你提供的工具能弥补他们的缺陷呢？几十年来，工具制造商们一直都把自己的产品定义为"让你变成超人的东西"，不管他们卖的是独轮手推车、软件、手提钻还是钓鱼装备。

更多时间。对于很多顾客来说，时间就是他们的敌人，而如果我们的产品能够节约时间，就是在帮顾客解决一个引发内部苦闷的外部问题。顾客通常把"时间不够用"视为一种人格缺陷。任何一种能够节约时间的工具、系统、哲学甚或个人，都可以提供一种完整的感觉。

3. 终极的自我实现或自我接受（发挥自身潜能的需要）

像《追梦赤子心》（*Rudy*）、《火爆教头草地兵》（*Hoosiers*）和《火战车》（*Chariots of Fire*）这样的电影，都切中了

165

人类想要发挥自身潜能的欲望。而且不仅仅限于体育电影。《律政俏佳人》（*Legally Blonde*）、《万物理论》（*The Theory of Everything*）和《爆裂鼓手》（*Whiplash*）也都是讲述一个主人公在证明自己的过程中面临巨大考验的故事。而一旦主人公证明了自己，他们就实现了一种内心的平静，并且终于能够接受自己，因为他们已经充分发挥出自身的潜能。

价值的外向呈现对于塑造这类结局并不是必需的。主人公也可以通过一场内部的旅行抵达同样的终点。当布里奇特·琼斯意识到自己渴望交往的上司其实配不上自己时，她就达成了终极的自我实现，把自己送回了安宁与稳定地带。虽然她并没有闭合和自己想要的男人在一起这条故事环，但是当她放弃了那个目标，转而追求更高的自我接受和满足时，故事依然得到了完满的结局。

2013 年，肥皂公司多芬（Dove）发布了一系列短片，把片中的女子塑造成一群实验对象，对她们做实验的是一位经美国联邦调查局特训的法医鉴定艺术家。这名艺术家没有亲眼看到这些女子，只是根据她们对自己的描述为她们画像。然后，这名艺术家又根据陌生人对同一名女子的描述为她们画像。结果令人震惊：根据陌生人描述画出的画像总是比根据女子本人的自我描述画出的更美。总结观点：很多女人都没有意识到她们自己有多美。这份广告是在尝试帮助女人接受自己，并从她们的天生之美中找到更大的满足感。

不论是通过达成某个目标，还是通过接受自己本来的样子，这种对于满足感的回归都迎合了故事中能反映普遍人性的某种东西：对于自我接受的渴望。

一个品牌要如何做，才能提供一种终极的自我实现或自我接受之感呢？下面是几个不错的点子。

鼓舞。如果你的品牌有某一方面可以提供一种壮阔非凡的鼓舞，或者能与这种鼓舞联系起来，那就让它尽情宣泄吧。像红牛（Red Bull）、《哈佛商业评论》（*Harvard Business Review*）、安德玛（Under Amour）、肯·布兰佳公司（The Ken Blanchard Company）、米凯罗啤酒（Michelob ULTRA）乃至 GMC（国际企业管理挑战赛）都把自身与体力或智力上的成就关联起来，从而制造出一种自我实现感。

接受。帮助人们接受自己本来的样子不只是贴心的举动，还是很好的营销方式。美鹰傲飞（American Eagle）发起的鹰巢行动（Aerie），与多芬的那场宣传活动异曲同工，也收获了广泛的关注。美鹰傲飞在这次宣传中使用了真人模特，并拒绝修图。直面自我的形体形象，让美鹰傲飞的这次宣传超越了基本的产品推广层面，为他们的客户群体普遍的自我接受做出了贡献。

超越。邀请顾客参与到一项规模更大的运动中去的品牌，除了产品和服务之外，还提供了一种更为远大和更有影响力的生活。汤姆布鞋（Tom's Shoes）的声望是通过他们倡导的"你一双，他/她一双"模型建立起来的，他们一边卖有独立风格的鞋子，一边每卖出一双鞋，就为缺少鞋穿的人送出一双鞋。穿他们鞋子的人都承认，他们做出购买决策的一个主要因素，就是一种参与到一场更伟大的运动中的感觉。在成立不到 10 年的时候，这家盈利品牌的销售量就超过了 7 亿美元。另外一则帮助顾客抵达具有超越性的层面的品牌案例，是戴蒙德·约翰（Daymond John）的服装品牌FUBU，这是"为了我们，我们创造"（For Us By Us）的缩写，指的是在商业社会为非裔美国人群体代言。这个品牌提供的不仅仅是时尚——它还为非裔美国人群体提供了一种团结、超越和创业精神的感觉。

闭合故事环

SB7 框架中成功模块背后的含义是：我们要负责闭合一个故事环。人类在寻找解决他们外部、内部和哲学问题的方案，他们可以通过身份、自我实现、自我接受和超越等方式达成所愿。如果我们的产品可以帮助人们获得这些东西，我们就应该把它当成品牌承诺的一个核心方案。

保持简洁

闭合一个故事环比你想象的要简单得多。哪怕只是在你的网站上呈现一群微笑着的幸福的人，也是一种闭合故事环的有力方式。人们想要幸福，而那些图像就是在承诺：你的产品将把幸福奉上。

如果你卖的是地毯，成功的结局可以是一地美观的地毯或者一间终于让人有了成就感的房间。如果你卖的是冰激凌，成功的结局可以是满口细腻丝滑的天堂般的味道。要是野营装备呢？可以是一场值得铭记的冒险。

虽然我在这一章里略微有点哲学化的色彩，但是请你尽量不要过度思考。你解决的是顾客生活中的什么问题，解决的效果看上去又如何？牢牢守住最基本的答案，因为基本答案真的管用。然后，等你轻车熟路之后，再开始潜入你的品牌所解决的更深层的问题。

这一部分重点想表达的是，我们需要反复呈现我们的产品或服务会如何改善人们的生活。如果不告诉人们我们打算把他们带到何处，他们就不会跟我们走。一个故事总得有个方向才行。

你已经告诉你的顾客，你想带他们去哪里了吗？

清晰阐明你的信息，好让顾客聆听

- 可以访问 mystorybrand.com，创建一个故事品牌脚本，或是登录你已有的品牌脚本。

- 开展头脑风暴，给出你能帮助你的顾客抵达的成功结局。如果顾客使用你的产品或服务，他的生活会有哪些改观？

- 使用你的品牌脚本上成功模块里的句子来概括你的最佳答案。

现在，你已经创建好你的故事品牌脚本了，下面就让我们来看一看顾客出手购买的最大动机：成为某个不一样的人。

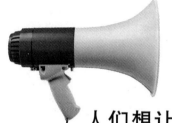

第**11**章

人们想让你的品牌参与
他们的转变

你可能已经填完了你的品牌脚本的全部七个部分，现在还剩一个部分没有填。这最后一部分是整个品牌脚本的根基，并将帮助你为你的品牌创造一个定向的焦点。事实上，我们一直都围绕在顾客最强的那个单一动机外打转。这个单一动机是我们作为人类做出的几乎每个决定背后的驱动力量。不论我们是在购买家具还是在寻觅配偶，都绕不开这种力量。

我说的就是人类想要**转变**的欲望。

每个人都想要转变。每个人都想成为不一样的人、更好的人，或者也许只是更愿意接受自己的人。

如果仔细审视一下你的品牌脚本，你就能看到这一点。你的品牌正在帮助人们成为更好的自己，这是一件美妙的事情。你在帮助他们变得更有智慧、更有能力、更加健康、更容易被接受，而且更平和。不管你喜不喜欢（我们希望你喜欢），我们都在参与顾客的转变进程，而这也正是他们想要我们做的事情。

当品牌参与到顾客的人格转变当中时，会创造出狂热的品牌传道士。

主人公注定要转变

在一则故事的开始，主人公往往是有缺陷的，心中充满疑惑，而且没有为摆在他面前的任务做好准备。向导协助他踏上征程，迎接一路上不绝如缕的冲突。可是，这些冲突也开始让人物发生改变。被迫行动起来的主人公拓展技能，积累经验，以便击败仇敌。虽然主人公的心中依然充满怀疑，可他鼓足战斗的勇气，并在高潮场景中打倒反派，一举证明自己已经改头换面，如今有能力迎接挑战，并成为更好的自己。故事改变了他。

顺便一提，同样的性格弧线也是《老人与海》《傲慢与偏见》《木偶奇遇记》《哈姆雷特》《睡美人》《乌龙兄弟》的弧线。它几乎是我们能叫出名字的所有经典故事的弧线。为什么？因为这就是我们的故事。自我怀疑是一种普遍存在的感觉，想要成为某个有能力的勇敢的人也是一种普遍性的欲望。当我们在为自己的产品或服务打造品牌时，这些都至关重要。

我们在展示品牌时，必须问自己几个重要的问题：我们的顾客想要成为谁？他们想要成为什么样的人？他们梦寐以求的人格是什么？

聪明的品牌会描绘出一种令顾客梦寐以求的人格

最近，因为要在车库里安装一个架子，我去了一趟家得宝（Home Depot），打算买一个金属探测器。在工具售卖区，紧挨着探测器的是精选的格伯刀（Gerber Knives）。格伯是俄勒冈州波特兰市的一家刀具公司，他们生产了一系列多功能折叠刀。然而，他们在商业宣传中为买家提供的远不止一把小刀。他们还在出售某种无形之物。他们出售的是一种人格；我这么说的意思是，他们出售的是一种你我都可以成为的人物设定。我研究他们的商业广告已经有很长时间了；可是，尽管我对于他们在我的潜意识上做的手脚心知肚明，我还是忍不住想买一把他们的刀。但这是为什么？我站在那里，盯着那些刀具，反问自己。我是一名作家。我唯一用得上刀具的地方，就是抹一点花生酱在果冻三明治上。

可是，那种吸引力还是可以明显感觉到。万一我不得不潜到一艘小船底下，要去砍断缠在螺旋桨上的绳索呢？或者，万一我需要割下血迹斑斑的牛仔裤的一条裤腿，来充当绷带缠在我受伤的胳膊上呢？

谢天谢地，我的执行大脑压制住了我的原始大脑，我转身走开时只拿了金属探测器。但是，为什么做出这个决定这么艰难呢？为什么我如此强烈地想要那把刀呢？而且，为什么我偏偏只想要一把格伯刀呢？当然，他们生产的刀具很棒，可是还有很多其他公司也在制造很棒的刀具，却从来没有让我真正上心或留意。

原因很简单。格伯为他们的顾客描绘出一种令顾客梦寐以求的人格，又把他们的产品跟这种人格关联起来。格伯刀的用户梦寐以求的人格是坚毅、有冒险精神和英勇无畏：他们是行动派，有能力完成艰巨的使命。格伯在"你好，麻烦"（Hello Trouble）这场广告宣传活动中浓缩了他们赋予顾客的角色定位：会划着小船冲进暴风雨中，会骑到公牛的背上，会投身到洪流里救人，而且，没错，还会砍断缠绕在小船螺旋桨上的绳索。在电视广告里，他们在展现这些壮志凌云的英雄式人物形象时，不仅配有圣歌般的音乐，还由一位讲述者朗诵了下面这段话：

> 你好，麻烦，
>
> 上次见面，还是很久以前。
>
> 可我知道你依然生龙活虎，
>
> 而且我感觉你正找上我的家门。
>
> 你但愿我把你忘了，不是吗，麻烦？
>
> 也许是你已经把我忘了。
>
> 也许我需要过来找到你，
>
> 让你想起我是谁。[①]

这则广告真的很棒。有一天，一位故事品牌的客户意外来我家拜访，他恰好是前美国陆战队队员，电影《黑鹰坠落》（*Black Hawk Down*）就是根据他们的事迹改编的。我

们叙了一会儿旧，然后他送给我一份小小的谢礼：一把格伯
刀。他甚至把我的名字刻在了刀上。我知道我喜欢那个广
告，觉得这是一份贴心的礼物。直到今天，我依然把那把刀
夹在我卡车的仪表盘上。时不时地，我会把它带到厨房，盯
着一罐花生酱，说："你好，麻烦。"

我也许只是一名作家，但是我爱那把刀。

但是，让我来问你一个问题：买那把刀是在浪费钱吗？
我的意思是，假设我真的为那把刀花了 40 美元，过后却从
来没用过它，我是挨宰了吗？

我把问题抛给数百位在故事品牌营销工作坊待过的人，
得到的答案总是一致的：不是。这不是在浪费钱。这 40 美
元花得很值。我没法不同意。事实上，我不光得到了一把
刀，还得到了比这把刀更有价值的东西。在某种意义上，格
伯帮我成为一个更好的人。他们描绘出一种令人梦寐以求的
人格，并邀请我也拥有它。他们让我感觉到自己更坚强、更
有冒险精神，甚至还创造出两位朋友惺惺相惜的一刻。这些
都远远超过了 40 美元的价值。

你的顾客想听到他人如何评价自己

要想确认一种可能吸引到顾客的令人向往的人格，最好

的方法就是想一想他们希望自己的朋友如何谈论自己。好好想一想。当其他人谈论你的时候，你想听他们说什么？我们回答这个问题的方式，揭示出我们希望自己成为什么样的人。

我们的顾客也是一样。在跟你的品牌相关的方面，顾客希望自己的朋友对他形成什么样的感知？你能帮他成为那样的人吗？你能参与到他的人格转变之中吗？如果你提供的是高管培训课程，那么你的顾客大概想让自己在别人眼中看起来兼具能力、大度与自律。如果你卖的是体育装备，那么你的顾客很可能想要在他的运动之路上给人留下积极、健康和成功的印象。

一旦明白了顾客想要成为什么样的人，我们也就掌握了可以在电子邮件、博客文章和所有形式的营销材料中使用的语言。

向导提供的不只是产品和方案

扮演向导的角色不只是一种营销策略，也是一次心灵的定位。一个品牌加入顾客的旅程，帮助他解决外部、内部和哲学问题，然后鼓舞他追求一种梦寐以求的人格，这时，该品牌已经不仅仅是在出售产品了——它在改变顾客的生活。那些关心改变生活胜于产品销售的领导者，总是更容易二者兼顾。

　　故事品牌团队与戴夫·拉姆齐（Dave Ramsey）和他的拉姆齐解决方案团队曾进行过一场咨询会谈。在我所知的范围内，拉姆齐解决方案大概是以叙事为本的公司的最佳范例了，而戴夫本人也是一个绝佳的向导典范。通过一系列的工作坊活动、共进晚餐和演讲，我们把 SB7 框架介绍给了拉姆齐的团队。这与其说是在对他们进行培训，不如说是为他们已经在做的事情提供了一套说法。

　　戴夫·拉姆齐主持了全美最大的广播秀之一，拥有超过 800 万日常听众。在节目里，他会围绕处理和克服个人债务问题给出财务建议与策略。但是，拉姆齐跟很多咨询师的不同之处在于，他提供的东西不仅限于智慧方面——他还提供了一幅可以让顾客进入的叙事地图。在拉姆齐的广播秀播出过程中，他每次在广告间歇回来时，都会说同一句台词："欢迎回到戴夫·拉姆齐秀。在这里，债务是蠢蛋，现金是国王，高端身份的象征不再是宝马，而是还清房贷。"这里万事俱备，故事的元素齐全，又补上了一种有待迈入的人格和随之而来的新的身份象征。

　　虽然戴夫的面孔在书籍封面和推广他的节目的广告牌上都十分醒目，但是他从来都没有把自己定位为主人公。相反，戴夫理解他的听众的外部问题（消费债和金融盲）、内部问题（一头雾水和一种无望感）以及哲学问题（为了我们不需要的东西而把债台越筑越高会引发道德问题），由此把听众吸引到一个生动的故事里。戴夫总是热情饱满，从来不会错失任何一个机会，千方百计地激励他的顾客追求一种梦寐以求的人格，鼓励他们进步，并提醒他们：应对财务挑战是朝向强大人格的一次迈进，生活中没有什么问题是不能通过使用一点儿策略和全身心的投入来解决的。

戴夫甚至在顾客的故事里设置了一个高潮场景。听众在执行了他通过自己的"财务平安大学"（Financial Peace University）提供的方案之后，将被邀请到他的节目里表演一段"无债呐喊"。听众从几千英里以外赶来参加节目，到达之后，拉姆齐团队的几十名成员会把这位获得成就的主人公团团围住，一边欢呼鼓掌，一边鼓励他大喊："我把债还清了!"

每当一位听众完成了这段旅程，戴夫都会让他知道：他已经改变了，他如今不一样了，只要他愿意努力，没有什么事情是他做不成的。

伟大的品牌执迷于顾客的转变

第一次遇见戴夫时，我很惊讶地发现：他并不知道，肯定主人公的转变是很多故事都会在结尾处纳入的一个常见场景。在高潮场景（债务还清的呐喊）之后，向导要回来肯定主人公的转变。

在《星球大战》里，当卢克·天行者为自己的英勇而获得嘉奖时，欧比旺的灵魂就站在他的身边。在《国王的演讲》里，莱昂纳尔告诉国王乔治，后者将成为一位伟大的国王。在《点球成金》里，彼得·布兰德找比利·比恩促膝而谈，让他知道，作为 A 队的经理，他在工作中取得的成就相当于击出了一记全垒打。

这些场景的主要目的是为了说明主人公经历的转变，好让观众有一个参照点，可以与主人公在故事开始时的性格进行对比。我们需要非常清晰地告诉观众：主人公已经走了多远。特别是，主人公一直在严重的怀疑中挣扎，直到故事的结尾，所以他甚至都意识不到自己改变了多少。

主人公需要其他人来到故事里，告诉他：你不一样了，你变得更好了。那个"其他人"就是向导。那个"其他人"就是你。

在数十万财务顾问里，有数千人都写过书，其中有数百人拥有自己的播客或广播秀，可唯有戴夫·拉姆齐在受大众欢迎的程度上无与伦比。为什么？当然，他给出的建议是很管用的——没有人会被无能吸引。但是，我敢确信，真正让他脱颖而出的原因，在于他以叙事的方式组织起顾客的旅程，并参与到他们的转变当中。

人格转变

在你的故事品牌脚本的这一基础性模块里，我们专门辟出一个部分，供你描绘出你的顾客在与你的品牌相关的方面可能经历的人格转变。

在与你的产品或服务相关的方面，顾客想成为什么样的人？

在故事品牌这里，我们想让顾客成为营销专家。在他离开我们的工作坊或者与我们的故事品牌导师交流一段时间之后，我们想要他在回到工作岗位时，让身边的人纷纷纳闷：在他身上究竟发生了什么？他怎么在营销方面获得了如此的悟性？他是如何让思考变得如此清晰的？为什么他的想法突然之间变得那么棒了？难不成他在一夜之间拿到了信息编写专业的博士学位？

与你的品牌脚本的成功模块相似，梦寐以求的人格模块也在回答关于故事如何结尾的问题，只不过它不是在告诉我们故事要向何处发展，而是在告诉我们主人公要成为什么样的人。

顾客是人，他有情绪，努力转变，并需要帮助；意识到这一点的品牌，真的能做到比出售产品更多的事，那就是为人们带来改变。戴夫·拉姆齐为人们带来了改变。星巴克为人们带来了改变。苹果改变了人。汤姆布鞋改变了人。格伯刀也改变了人。难怪这些品牌拥有无比狂热的拥趸，并在市场上享誉四方。

人格转变示例

数千个故事品牌的客户为他们的顾客描绘了一种梦寐以求的人格，并开始参与到他们的转变当中。正因为如此，越来越多的公司不仅通过它们的产品和服务来改善世界，实际上还在改变顾客看待自己的眼光。为客户提供一种梦寐以求的人格，给我们提供的所有其他东西都添加了巨大价值。

下面几个例子，就是从故事品牌的学员中选取的几则让人梦寐以求的人格。

宠物食品品牌

从：被动的狗主人

到：天下狗的英雄

财务顾问

从：困惑且能力不足

到：精明而能力十足

洗发水品牌

从：焦虑而阴沉

到：无忧无虑且容光焕发

你有没有想过你的顾客想要成为什么样的人？参与到你的顾客的转变当中，可以为你的生意提供新的生机和意义。当你的团队意识到他们不仅是在卖产品，还在引导人们更坚定地相信自己时，他们的工作就会拥有更伟大的意义。

花些时间来想一想：你想要你的顾客成为什么样的人？你怎么能改善他们看待自己的方式？

你的品牌要如何做，才能参与到顾客的转变进程当中？

让我们不要止步于帮助主人公取得胜利；让我们帮助他们化茧成蝶。

清晰阐明你的信息，好让顾客聆听

- 可以访问 mystorybrand.com，创建一个故事品牌脚本，或是登录你已有的品牌脚本。

- 开展头脑风暴，给出你的顾客梦寐以求的人格。他们想要成为什么样的人？他们想让别人如何看待自己？

- 用你的品牌脚本上的"到"这一行来描绘一种令人梦寐以求的人格。然后，再填写"从"这一行就很简单了：不管你在"到"这一行描绘了何种他们梦寐以求的人格，只要把它反过来写就可以了。

🔘 人物转变

从　　　　　　　　　　到

_____　　_____

_____　　_____

第三部分

执行你的故事品牌脚本

你需要一个能够通过嘟囔测试并将浏览者转化为买家的网站。

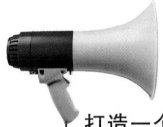

第12章

打造一个更好的网站

如果我们能在营销和信息材料中真正落实我们的故事品牌脚本，那么我们就一定能看到顾客忠诚度的提升。必须让我们挖掘出的品牌脚本在网站、电子邮件宣传资料、电梯游说和销售脚本中呈现出来。必须编辑修改现有的营销材料，并创造更新、更好的材料，然后把那些材料送到潜在顾客的手里。

我们执行故事品牌脚本的力度，决定了人们在多大程度上理解自己为什么需要我们的产品。我们执行得越充分，顾客就会听得越透彻。

我们落实得越多，传达得也就越清楚，我们的品牌也就越容易脱颖而出。

不论公司规模大小，都能在《你的顾客需要一个好故事》的第三部分里找到可以切实实施故事品牌脚本的实用步骤。数千家公司已经通过创作并执行他们的故事品牌脚本迎来了根本性的改变；学习这些公司的经验，不管是一家夫妻小店、一家初创公司还是一个个人品牌，甚至是一家市值数十亿美元的企业组织，都会获益匪浅。

从你的网站开始

为了开展一场宣传活动投入几百万美元，这是我们大多数人都做不到的事。不过别担心。如今，我们若是在数字化形象的呈现上足够用心，也能收获不容小觑的关注量。一个很棒的数字化形象始于一个清晰而有效的网站。我们的网站不是我们在刺激买家时需要的唯一工具，但是它通常都承担着最为繁重的工作。人们可以通过口耳相传或者社交媒体听说我们，但是他们如果想要了解更多关于我们的事情，就一定会来访问我们的网站。当他们访问我们的网站时，他们的"希望需要被肯定"，而且他们也需要确信我们拥有解决他们问题的方案。

简言之，我们需要一个能够通过嘟囔测试并将浏览者转化为买家的网站。

保持简洁

在我们的工作坊，我们盘点过数千家网站，它们绝大多数都没有逃过邪恶的噪音的魔爪。把网站用作信息交换所的日子已经一去不复返了。曾经，企业可以把所有关于它们所做之事的细则挂在自己的网站上；但是，互联网已经改变了。今天，你应该把自己的网站当作一场电梯游说。

你的网站很可能是一位潜在的顾客对于你们公司的第一印象。这几乎跟一场初次约会差不多。顾客只需要知道：你拥有他们想要的东西，而且不管这个东西是什么，你都是他们可以信任的提供者。

即便你的公司已经因为良好的口碑迎来了增长，一个满是噪音的网站依然可能扼杀那些潜在的销路。记住，你的网站至关重要。

当我们帮助客户制作优秀的网站时，为了产生成效，有五样东西是需要具备的。虽然这五样东西只是一场营销活动的起点，但是除非它们都已经为我们所用，否则便没有任何继续向前推进的理由。我们可以直截了当地把这些东西称为基础要素。

你的网站应该包括的五样东西

1. 第一屏上呈现什么

当人们点开你的网站，他们看到的第一样东西就是第一屏上的图片和文字。"第一屏"（above the fold）这个术语来自新闻行业，指的是印在报纸折叠处上面位置的内容。在一个网站上，第一屏的图片和文字是你在开始滑动鼠标滚轮之前看到和读到的东西。

我在前文也提到过，我更愿意把第一屏上的信息想象成一场初次约会。然后，当你开始向下滚动页面时，可以把你

193

想在第二次和第三次约会时分享的信息放上来。正如我们已经讨论过的那样，你在第一次约会时分享的内容应该简洁、诱人，而且完全以顾客为中心。

我的妻子最近获得了西雅图某家烹饪学校的在线会员身份。这是她的一位朋友送给她的礼物，为了感谢她帮助他们改善网站。起初，贝特西是满心兴奋的，可是这种兴奋在她访问网站时戛然而止。网站的主页上（在她登录之前）放了一张胡萝卜蛋糕的美图，下面配上了某种圈内笑话，跟边看《权力的游戏》（Game of Thrones）边吃蛋糕有关。我们没有找到笑点。她往下滑动，点开了一段视频，希望它能解释自己收到的是一份什么样的礼物。可是，这段视频用卡通的形式解释了这家公司是如何起步的：有个名叫乔（Joe）的人遇到了一个名叫凯伦（Karen）的人，而后者是某个名为托德（Todd）的人的朋友，他们三个都喜欢烹饪！

直到我的妻子登录进去，开始探索这个网站提供的东西，她才重新兴奋起来。那天晚上睡觉之前，她给我介绍了某种纯天然调料，说可以用来给酒去色，这样就能让她调制的鸡尾酒看上去清澈透明了。我不理解这一点为什么很重要，直到她解释说：这样一来，她在把从花园里摘的鸡尾草挂在玻璃杯上时，鸡尾草就会更加醒目。"噢，原来是鸡尾草呀！"我说，"他们的服务是在帮你让鸡尾草看起来更醒目。"

"不是。"贝特西说，"虽然我花了两个多小时才搞清楚，但是订阅那个产品的意义是，那三个来自西雅图的有趣的朋友打算把我培养成厨房里的能手！"

就是它了！贝特西把它道明了。她说的那句话正是需要挂在他们网站第一屏上的文字：

> 我们要把你培养成厨房里的能手！

这样简单的一句话，就帮我们理解了他们提供的东西，甚至还把帮助他们招徕生意的说话艺术教给了我们。

那个网站让他们的顾客花费那么多力气才理解为什么有人需要他们的服务，很难说他们因为这一点流失了多少客户。我的妻子现在很爱这个网站，可是如果她没有事先拿到一个免费的会员权限，也会与其失之交臂。

我想说的是，顾客需要在他们读到文字的当下立即知道他们能得到什么好处。文本应该加粗，陈述应该简短，应该便于阅读，而不应湮没在按钮和杂乱的界面之间。我最近访问了 Squarespace 的网站，上面只有一句话："我们帮助你创建漂亮的网站。"完美！他们本可以在他们的网站上讲解很多东西，可正是因为他们知道如何保持信息的简明和切中，才让他们赚到了几百万美元。

在第一屏上，要确保你使用的图片和文字能满足下列标准之一。

● 承诺一种令人梦寐以求的人格。

西雅图的那所学校本可以提出要把我的妻子培养成厨房里的能手，从而诉诸一种令人梦寐以求的人格，让她知道"她能得到什么好处"。我们能够帮助我们的顾客成为某方面的能人吗？他们在追随我们之后，会成为不一样的人吗？我们要把这些东西讲得清楚明白。

● 承诺解决一个问题。

如果你能消灭一个问题，请告诉我们。你能让我的猫不再挠家具吗？能让我的车免于过热吗？能让我的头发停止变少吗？说出来。我们访问你的网站，不想了解你们赢得过多少场公司间的垒球比赛；我们来这里，是为了解决问题。

● 精确地陈述自己在做的事情。

我们在自己的网站上能做的最容易的一件事，就是精确地陈述我们在做的事情。我家所在街道的一头有一家小店，店名是"本地蜂蜜"（Local Honey），这让每个人都以为他们是卖本地蜂蜜的。但是，他们很快就消除了这种误解。他们贴出一条标语，上面写道："我们卖衣服。我们做头发。"得嘞，"本地蜂蜜"是卖衣服和做头发的。我现在已经把它们存在了大脑中的名片盒里，每当我需要做头发或者买新衣服时，都会想到这家店。

检查一下你的网站，确认你能提供给顾客的东西足够显眼。我们的某些客户确实讲明白了他们提供的东西，但他们是在一段文字的中间说明的，那段文字的开头类似："我们自1979年进入这一领域，专注卓越，顾客为先……"这些都很美好，也很温暖，但是 J. K. 罗琳（J. K. Rowling）的第一本《哈利·波特》小说可不是这么开头的："我的名字是 J. K. 罗琳，我一直以来都想写一本书……"她一直都想写一本书的事实并不是真正的哈利·波特的故事的一部分，而她也足够聪明地明白这一点。她直奔主题。她把读者拴住了。她很聪明，我们其实也不那么傻。第一屏上呈现的内容，是确保我们所讲的故事拴住顾客的可靠途径。

2. 凸出的行动召唤

如果你不确定什么是行动召唤，可以翻回本书第 8 章再读一遍。它很重要。就目前而言，你要知道的是，你的网站的全部宗旨就在于创造一个位置，让直接式行动召唤按钮有意义且充满诱惑。虽然我们做生意是为了服务顾客和改善世界，但是如果人们不点击那个"立即购买"按钮，我们很快就没有生意可做了。可千万别把它藏起来。

我们想要进行直接式行动召唤的地方主要有两处。第一处在网站的右上角，第二处在第一屏的屏幕中央。顾客的眼神以一种之字形的线路在你的网站上迅速移动，如下图所示。所以，如果左上角是你的标识以及可能出现的宣传语，那么右上角就要设置一个"立即购买"按钮，另一个"立即购买"按钮则紧挨着页面中央呈献的内容，如此一来，很可能你已经穿过所有的噪音，直达顾客的思想，而他们也清楚了你可以在他们的故事里扮演的角色。

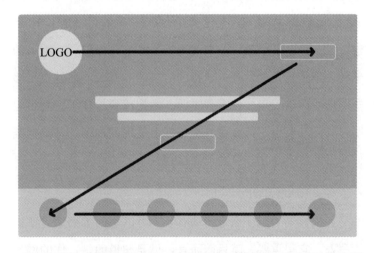

为了收到最好的效果，"立即购买"按钮的颜色应该跟网站上任何其他按钮的颜色都有所区分（最好是更亮的颜色，这样容易凸显出来），两个按钮的样子则应该一模一样。我知道这听起来有点过分，但是别忘了：人们不会阅读网站内容，他们是在扫视网站。你要让那个按钮像一个周而复始的音乐主题一样不断出现。一个人不得不先听上（或者阅读）很多遍之后，才能处理信息，所以你也要把你的主要的行动召唤重复多次才行。

你的转换型行动召唤也应该明显，但是不要让它干扰直接式行动召唤。我喜欢像下面这样把转换型行动召唤标识设计成一个低亮度的按钮，并让它紧挨着直接式行动召唤标识，就像这样——"你愿意嫁给我吗?"和"我们能再约会一次吗?"这两个请求就肩并肩地出现在一起。记住，如果你不向人们发出购买请求，他们就不会下单。

BUY NOW　　　　**DOWNLOAD PDF**

3. 成功的图像

我们大部分信息都是由文字构成的，但并非全部。我们在网站上使用的图像也在传播某些东西。如果人们来到我们的网站，看到的是办公大楼的照片，我们很可能是在用无意义的信息浪费他们的思维带宽，当然，除非你是一家提供住宿加早餐的旅店。但是，即便如此，办公场所的图片也不是我要提倡的，我会把它留给第二次约会。我们认为，最应该出现在你网站上的应该是人们幸福地微笑的照片，他们因为追随了你的品牌而获得了一次舒适愉悦的体验（闭合了一个打开的故事环）。

每个人都想通过各自的方式体验一种更好的生活，而正在微笑或表情满足的人们的照片虽然看起来很简单，却戳中了我们的心事。他们代表了一个我们愿意前往的情感归宿。

我们很多人都有展示自己产品的需求；而如果我们能够把这些产品交到微笑着的人的手中，我们的图像就能拥有更大的力量。当然，并不是每个人都需要微笑——那似乎是不太真实的。但是，普遍而言，我们还是需要伴随品牌传递出一种健康、幸福和满意的感觉。要做到这一点，最简单的方式就是让人们看见开心的顾客。

4. 收益源的细分

很多企业面临的一个共同挑战是：它们原本只需要传达自己做的是什么，可是它们把自己的收益源分散得太广，以至于连自己也搞不清楚到底该从何处入手了。如果你也在为此困扰，只能说你绝非个例。几年前，我们接待的一位客户拥有两条主要产品线：一是为个人提供的为期两天的个性化生活规划课程，二是为企业高管提供的为期两天的策略运营规划课程。听起来很简单，只不过这家公司的收入实际上并不来自以上任何一条产品线——他们的盈利反而来自对导师的培训与认证。接下来的挑战就是，增加对每一种产品的需求量，好让更多的人愿意成为导师。这就意味着他们不得不同时驾驭三条不同的产品线：生活规划产品、锐思锐拓式产品和导师认证。

　　如果这家公司的情况听上去跟你的企业差不多，那么你面临的第一项挑战就是要找到一条整体的伞形信息，把不同的收益源结合在一起。针对同时推出生活规划产品和锐思锐拓式产品的朋友，我们选定的是人们对于订制化方案的需求。在他们的网站第一屏上，我们推荐他们使用的文案是："订制化方案是成功的关键"。文字下方则是一幅图片：一名导师在一面白板上为一位客户绘制方案，客户露出满意的表情。当潜在顾客向下滑动页面时，他们能看到两个可以选择的板块：个人生活规划和策略运营规划。两个按钮各自链接的新网页上的信息，分别来自两份不同的品牌脚本。顾客可以在任何一个页面上预约和导师见面的时间。但其实，生意增长的关键系于每个页面顶部和底部的一个按钮："受训成为一名认证导师"。

　　我们可能认为我们的生意太过分散，很难清晰地告诉别人，但可能事实并非如此。当然，的确有一些伞形公司，其内部的不同品牌需要分开经营并独立宣传，可是在大多数情况下，我们都能找到一个覆盖性的伞形主题把它们结合在一起。当我们找到一条伞形信息之后，就可以利用不同的网页和不同的品牌脚本，把不同的分部区分开来。清晰是一切的关键。我们要把分部清晰地分解出来，并让人们理解我们提供的东西，只有这样，顾客才能选择他们各自的冒险之旅，而不会迷失。

5. 很少的文字

人们已经不再阅读网站了；他们扫视网站。如果在你的网站第一屏上有一段文字，我敢保证，没有人会去读它。在我们的办公室里，需要营销文案时，我会说"用摩斯密码把它写出来"。我们用"摩斯密码"这个说法，意思是文案要简短、切要，与我们的顾客息息相关。再想一想那些坐在洞穴里的穴居人。"你卖纸杯蛋糕。纸杯蛋糕好。我要吃纸杯蛋糕。我喜欢粉红色的那个。现在必须去蛋糕房了。"我们大多数人都背离穴居人，朝错误的方向走得太远了——我们使用了太多的文字。

当你本来可以把"孩子的老师与您每周定时通话"作为一句宣传语，跟学校的其他五点优势放在一起时，为什么非要说"同样身为家长的我们，理解想要为自己的孩子争取到最好的一切的感觉。这也正是我们创立这所学校的初衷。在这里，家长将与老师密切合作，紧跟孩子教育之路上的每一步"？

当顾客向下滑动网页时，出现越来越多的文字是没问题的，但是我所谓的"越来越多"，指的也只是零星分布的几个句子而已。我研究过的某些最有效的网站，在整个页面上仅放了不到十句话，这差不多相当于比尔·贝利奇克*的十条推特消息和一场新闻发布会。

如果你确实想用一个有很多文字的板块来解释某个东西（事实上，我们在自己的网站上也这么做），那就在第一句或第二句结尾处加上一个小小的"阅读更多"链接，这样，人们想继续读的话，可以点开它，而你也避免了用太多的文本轰炸顾客。

试一下，看看你能不能把你网站上的文字砍掉一半。可以用图像代替某些文本吗？可以把一整段话削减到三四个要点吗？能把句子浓缩成一口气说一个的原声摘要吗？如果可以的话，尽早做出这些改变。原则是：你使用的文字越少，人们就越可能读到它们。

谨遵脚本

以上就是对于你的网站最重要的五样东西。当然，这并不是全部，但就算把剩下的窍门和策略都加在一起，也不如做好这五样东西的作用大。

如果把你的品牌脚本想象成一套架子鼓，那么你的网站

---

* 比尔·贝利奇克（Bill Belichick），美国著名的橄榄球教练。——译者注

就是一次鼓手独奏。网站上的任何文字、图片或观点都应该产自你经过深思熟虑的品牌脚本。文字不一定非得照搬你的品牌脚本，但基本的观念应该是一致的。如果你在网站上引入了 SB7 框架七个范畴以外的信息，那么你的顾客耳中听到的很可能只有噪音。

第 13 章

如何通过故事品牌转变
一家大型组织

截至目前，我们已经看到了一个扎实的品牌脚本是如何改进顾客忠诚度的。但是，它的价值并不止于此。品牌脚本还可以用来改进雇员的忠诚度。这一点对于大型组织而言，意义非比寻常。

当信息不清晰的时候，感到糊涂的不只是顾客。雇员也会困惑，从分部总监到区域经理再到奋战在第一线、拿最低薪水的蓝领，无一幸免。

叙事空隙的诅咒

你可能还没有意识到这一点，但是你的组织已经在闹鬼了。而我之所以知道，是因为每个组织其实都在对抗同样的恶灵。这个恶灵四处游荡，寻觅加害的目标。我把这个鬼鬼祟祟的影子称为叙事空隙（narrative void）。

叙事空隙是组织内部一块空荡荡的空间；当没有一个能让所有人保持步调一致的故事时，这个空间就会出现。在极端情况下，叙事空隙可以占据组织最为核心的地带，使组织分崩离析，裂散成彼此毫无关联的行动碎片，永远都无法聚集在一起，这就让组织把统一当成一项使命来追求。

多年以来，各家企业在试图消除叙事空隙时，使用的都是手边那些最神圣的文件：使命陈述。企业的使命陈述就像盛有组织有效性的圣杯一样，带着修道般的虔诚。总裁们集结到一起参加静思会，把煞费苦心的措辞镌刻在石碑上——可是几乎没有人会去读它，能够理解或者践行的人恐怕更少。说起那些没有着落的故事，这就是一个典型的例子。

不消说，只有在极其罕见的情况下，使命陈述才能真正引导一家企业去执行使命。

你手下的人感到困惑吗？

后面这张图示勾勒出一幅被叙事空隙侵扰的组织剪影。它描绘了当今很多企业的形貌：组织内部的不同部门共存于一个微观世界之中，只有生存于其中的人才能真正理解。如果不加约束，这些人就只有依靠自己来做决定并形成策略，以求满足需求。他们假定自己的这些决定只能影响到他们自己。可是，在这个过程中，他们的选择还制造着微小的泛音，震荡着整个组织。从一个组织的视角看，这就像因一千处被纸片划破的伤口失血致死一样。

正如你所见：没有情节，就没有生产力。

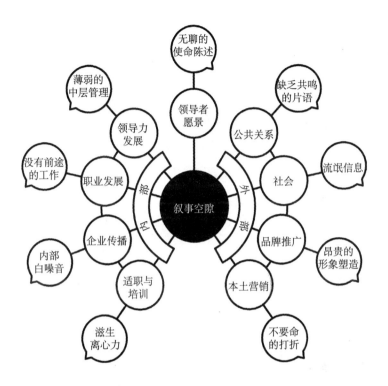

叙事空隙的成本

20 世纪 90 年代，盖洛普（Gallup）公司开始测量员工对于他们的工作和雇主的忠诚度水平，测得数值之低令人咋舌。他们的研究发现，在全美范围内，大约每五名雇员中就只有一名真正为他们做的工作感到兴奋。①这是一个问题。一个显而易见的假定是，忠诚的雇员会比不忠诚的雇员付出更多的额外努力。不仅如此，忠诚的雇员还更少请病假，员工流动性也更小。

盖洛普的发现揭示：生产力和生产效率方面的裂缝正在让很多企业承受数以亿计的损失。到 2012 年，据盖洛普估算：美国企业每年为此付出的成本，达到 4 500 亿～5 500 亿美元之多。[②]不用说，不管雇员忠诚与否，雇主都会为他们奉上同等的薪资和福利。所以，在企业领导者开始了解盖洛普的发现之后，治疗这种不忠诚流行症候的竞赛便拉开了帷幕。

结果，人们最终发现，在加大离心力上起了最大作用的因素之一其实是信息爆炸。正如我在前文所言，人们每 24 小时都会受到超过 3 000 条营销信息的狂轰滥炸。这还只是营销信息。通过报刊文章、网络帖文和有倾向性的新闻报道传播的非营销信息，其数量只会更多。拿 20 世纪 70 年代来做一个对比，我们已经从三家电视网络和一家本地报纸的时代进入一个拥有超过 200 个频道以及数百万个新闻博客、播客、网络电台、推特、照片墙、脸书和领英的时代。

与此同时，大多数企业的传播却在朝相反的方向发展。曾经作为工作场所助推剂的人际互动，如今已被电子通信、远程办公和电话会议所取代。在办公室饮水机旁闲聊的日子一去不复返了。这些企业心安理得地引入了群发邮件和员工端入口，可是研究表明，这些渠道的阅读者寥寥无几。

莫非白噪音正是滋生叙事空隙的土壤？我认为这绝非巧合。

在故事品牌启发下萌生的强大叙事，能像光明驱散黑暗那样遣走叙事空隙。围绕着一个共同的故事来校准行为的企业，不仅仅是在陈述它们的使命，还在动手执行使命。它们不是在梦想着有一个更好的故事，而是在用自己的文化讲故事。

你知道故事，不代表你的团队也知道

那么，故事品牌脚本是如何"止血"的呢？让我们先来看一看大多数工作场所是如何运转的。

在多数情况下，适职是开始的第一步。如果没有一个故事品牌脚本，那么适职通常都会如此进行：人力资源部门的员工欢迎新同事，发放一张公司密钥卡，再当面给新同事播放一段长达 10 分钟的防止性骚扰视频。接下来，他们一起草草地翻阅公司手册，同时分享一点儿关于某位高级经理私人生活的无足轻重的八卦消息，匆匆游览一下公司大厅，读一读公司的使命陈述，再把新来的家伙丢到他的工作间，然后人力资源员工就可以坐回自己的办公桌前了。前后不过一个小时，工作就完成了。

在接下来的 3～5 年里，这位新员工踏实工作，完成了上级指定的所有绩效管理指标。他拿过三次额外奖金，经历了一次升职，连续两年获得了部门的最高奖励——而且从来没有在晚上 6 点以后加过班。他学会了绕过那些制造阻力的人、选择适合自己的战斗、接受妥协并承担偶然出现的不良后果。某天下午，一位猎头拿着一份还不错的工作邀请函打来了电话，然后，这位新员工就开启了人生的下一篇章。

没有什么东西被搞砸过，也没有什么耀眼的成就。对于这家公司而言，有所得，也有所失，还有一些不疼不痒的无所谓得失的东西。就像一部什么都没发生的电影，没有人关心演的是什么，爆米花也很硌牙。

这个工作场所饱受离职的摧残，难道有什么好奇怪的吗？

你有没有注意到这个故事里的叙事空隙？因为缺乏核心处的统一化叙事，新雇员无从获得既定身份之外的激励。公司没有做错什么，可也没有做过任何特别的事。在一个充满竞争的环境里，这种做法不会给你带来成功。这正是叙事空隙令人深陷其中而不自觉的欺骗手段。它哄着公司入睡，最终让公司于麻醉中走向死亡。

让组织重返使命

当我们邀请顾客进入一则精彩绝伦的故事中时，顾客的忠诚度也将由此产生。这个道理对于雇员也同样适用吗？百分之百如此。

由故事品牌启发而来的叙事，让普通的工作变成非凡的冒险。如果有一个统一的品牌脚本，那么前面的故事更可能发展成如下的情况：

> 早在这位未来的雇员还没有申请这份工作的时候，他已经对有关这家酷酷的公司的街谈巷语有所耳闻。不知为什么，反正这家公司就是显得更有生命力。在那里工作的人热爱它，顾客也热爱它。它给人一种有实力的感觉，不仅是行业内的翘楚，也影响了广泛的社群。它的领导者是受人尊敬的。即便是已经离职的员工，在谈起它的时候也会流露出一点感伤的怀念。在希望就职的理想选项上，很难有公司能与其匹敌。
>
> 在第一轮面试中，这位候选人开始理解那些街谈巷语的来源了。招聘经理为你描述这家公司的方式，就好像在讲述刘易斯（Lewis）与克拉克（Clark）为远征西部边境而摩拳擦掌一般。有很多有趣的人物在自己人生

经历的指引下来到了这个地方。业务目标听起来像是故事曲折的情节：翻山越岭，跋山涉水，经受风暴，捕猎熊罴，发掘宝藏。招聘经理从容不迫地铺展着公司叙事的七个范畴，毫不掩饰她的兴奋之情。

但是，并不是所有人都会被选中加入这场远征。这家公司的雇员不想成为虚荣势利之徒，他们只想忠于自己选定的故事，而且不愿意在情节上做出妥协。如果你有幸被选中，那就说明这是命运的根本诉求。这位候选人对于工作的概念立刻上升了一个档次——不再仅仅涉及他可以从中得到些什么，还涉及：如果他获得了进入这个故事的许可，他将成为一个什么样的人。他感觉，为这家公司工作将为他带来转变。

在第二轮和第三轮面试时，这位候选人结识了团队中的大多数成员，其中有些就是面试过他的人。他遇到的每一个人都在讲述同一个故事，跟他在街头巷尾和第一轮面试中听到的一模一样。这个故事正在他的心中生根发芽。他意识到，他需要成为类似这样的故事的一部分，才能够在人生中寻得满足。

最后，他从事这份工作的第一天终于到来了。适职的经历给他的感觉与其说是受雇，不如说是被收养了。他跟一位导师共度了一段宝贵的时光。这位导师给一小组新员工上了一节课，说了他们的顾客的故事，以及在顾客的故事里，公司如何把自己定位成向导的角色。令人惊奇的是，适职涉及更多的是公司的顾客，而不是公司本身。这家组织热爱他们的顾客，痴迷于为顾客的胜利保驾护航。最后，这位新雇员发现了一个秘密：人们来到这里工作的目的，都是为了服务于他们热爱的顾客。

　　然后，我们的新雇员被邀请参加一场特别的迎新午宴，由首席执行官亲自主持。在午宴上，首席执行官发表了一段简短有力的主题演讲——依据的就是公司的故事品牌脚本。这段主题演讲是振奋人心的，这位首席执行官则沉醉于他对公司顾客的热爱之中，所有的一切都验证了这位新雇员在适职课程中学到的东西。终场节目是什么？是基于这家公司的故事品牌脚本拍摄的一部电影短片，讲述了这家组织对于行业以及个人生活产生的神奇影响。我们的新雇员问人力资源总监，能不能把这个视频的链接发给他，这样他就可以把视频发给他的朋友和家人，好让他显摆一下这份令人惊艳的新工作。

　　在接下来的3~5年里，这个新来的家伙感觉自己好像还在不断对这个地方形成新的认识。每个月，他都能发现新理由，告诉自己为什么这就是他理想的工作。顾客的照片贴满了墙壁，歌颂着他们的成功。他每天的工作任务不是平淡乏味的，而是拥有具体的目标，要求他与其他团队成员合作，帮助顾客解决困扰他们的问题。他的同事不是他的竞争者，而是一个相互扶持的社群，真的想让他成长和发展，携手把一个能够改变世界的故事付诸实践。顾客会亲自拜访他们的办公室，来参观这家帮助自己解决了问题的公司。

猎头每个月都会打来电话，提供的工作几乎总是承诺了升职和加薪。他常常忘了给他们回话。

整个组织内部的人都是完全投入的，不仅仅是身体上的，也包括精神上的。生产效率很高，办事效率让他们引以为傲。得益于很低的离职率，组织储存了丰富而有价值的经验，由此获得的效益是很多公司想也想不到的。

你注意到这个故事中的一致性和连贯性了吗？这并不是因为他们每天早上都聚集在办公大厅的一块牌匾下合唱公司之歌。如果你不知道他们的秘密，你会以为每件事只不过是自然而然地各归其位而已。但是，在这背后支撑起一切的，其实是一支理解故事力量的领导力团队，他们根据品牌脚本创建了一个故事品牌，并学会了在组织的每一个角度执行叙事。

当一项使命焕发生机

使命陈述从来都不是一个糟糕的点子。它们只是不够用而已。事实上，人们为了走到一起，然后组成一家公司，需要的正是一项使命。但是，一份陈述不足以把使命变成一个故事。这就像阅读电影海报上的宣传语不等于观看真正的电影一样。

本·奥特利普（Ben Ortlip）是故事品牌"奉行使命"部门的主管，他的专长是在大型组织内部落实故事品牌框架。几年前，一家很受欢迎的快餐连锁店为了提高忠诚度，找到他的团队寻求帮助。当时，那个品牌的营业额已经突破了十亿美元的大关，而且维持着大约5％的增长率，这在大多人眼中已经是相当不错的成绩。但是，这个地方不光有美味的食物——里面的人也都属于你见过的最好的那类人。所以，本觉得，他们还应该做到更好。

经过一段时间在总部以及各州连锁店后台的考察，他们很明显地感受到某种正在萌生的自满情绪。他们的运营没有任何毛病，产品非常棒。此外，他们的营销也很有效。问题就在于，他们已经发展得足够大了，在很多方向上，他们已经丢失了他们的情节。这跟一部电影成功之后衍生出很多续集不一样。通俗地说，这个故事就是让人感觉太勉强了。

你的脚本有想氛吗？

铲除一个叙事空隙并不容易，而且需要时间。本在故事品牌办公室里使用的一个术语叫**想氛**（thoughtmosphere）。想氛是一种驱动员工行为和表现的信念与观点的隐形混合物。要想提升想氛，就要创造出一种在故事品牌启发下的叙事，设计出谈话要点，并制定一个执行方案，来强化那些谈话要点，让每个利益相关者都理解自己的重要角色。

对于上文提到的那家连锁餐厅而言，想氛包括了视频教程、一系列区域会议、一部主要的全国性条例，以及通常在总部非正式场景中拍摄的首席执行官的最新画面。这些画面有连锁店老板的静思会，也包括来自首席执行官本人的信息更新，还要请能够言明组织叙事的富有感召力的演讲者发言。公司在海滩上举办音乐会，只邀请利益相关者参加，讨论其他拥有类似使命的品牌，并公开称赞它们为服务顾客所做的类似工作。

你几乎立刻就能感觉到整个品牌发生的变化：新的能量被激发出来了。多年来未曾露面或音讯杳然的人开始在会议上纷纷现身，再次向彼此张开手臂。叙事空隙消失不见了。

那么，可见的增长呢？在不到三年的时间里，连锁店原本5％的增长率提高到近30％，而在组织内部达成这一切的，正是三年前的同一群人。对于一家身家十亿美元的企业来说，把这份收益增长换算出来，就是每年数亿美元。

一位执行官的第一要务，就是不断地提醒利益相关者明白使命是什么，一遍又一遍地提醒他们。可惜的是，绝大多数执行官并没有真正地解释清楚组织的整体叙事。问题就在这儿：如果执行官无法把故事解释清楚，那么团队成员就永远不会知道他们的定位以及适合这一定位的理由。

当一家企业奉行使命时，人人都是赢家。一家奉行使命的企业看起来是这样的，如下图所示：

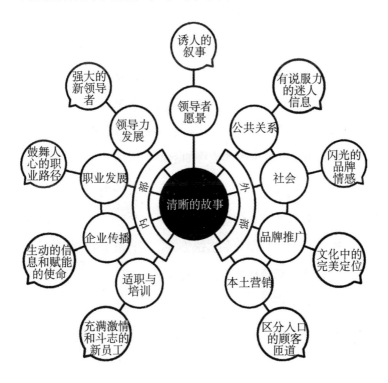

准备好转变企业文化了吗?

一项真正的使命不是一份陈述;它是一种生活和存在的方式。使命不仅是象征性的仪式——暂时指出雇员应该关心的东西。使命是一则故事,是你通过每一项部门策略、每一个运营细节和每一次顾客体验来强化的故事。所谓**奉行使命**的公司,就是指这个意思。

而这都要从你的故事品牌脚本开始。

我们创设了故事品牌文化这个项目,旨在为更多的组织提供一站式服务,帮助他们对自己的品牌脚本进行完整的和订制化的落实——把至关重要的叙事元素织入重要的功能当中,围绕着使命塑造企业文化,培养员工的忠诚度。

我们用来引导组织的流程如下:

1. 同你的领导团队一起,创建一个品牌脚本。
2. 查验已经存在的想氛。
3. 创作一个订制化的实施方案,奉行故事品牌文化。
4. 优化内部传播以支持这套方案。
5. 为方案搭建一个自足的团队。

人们经常问,一家奉行故事品牌企业的企业跟其他企业有什么不一样?我猜,他们想要的是一份清单。没错,这里面的确有很多酷炫的主意，你可能闻所未闻，比如，使用行为类型学来确定工作适合度，或者引入一个名为"虚拟饮水机"的平台来培养同事之间的关系。

可现实的情况是，一家奉行故事品牌文化的企业所做的绝大多数事情，都跟其他企业所做之事出奇地相似。只不过，奉行故事品牌文化的企业在做这些事情的时候，总是团结在一个共同而有序的故事周边。

奉行故事品牌文化的企业会把整个团队转变成一股销售力量

奉行故事品牌文化的企业最独特之处，在于他们把注意力放在如何使业务的基本构架和处理同步体现在一个品牌脚本之中。品牌脚本过滤掉所有的噪音，让每一位利益相关者在每一天都知道他为什么在做自己正在做的事情。

但凡团队成员理解组织的故事，能够用简短而有序的短语解释故事，同时管理者又在通过多变的传播方式不断强化这个故事，他们就可以为潜在的顾客提供一套说法，让潜在的顾客可以把消息传播开来。相比由无聊而散漫的员工所分享的含混不清的解释，由充满斗志的团队成员分享的简洁故事传播得更快。

奉行故事品牌文化的品牌理解他们团队成员的故事

当你把故事品牌框架外化，用在营销上时，它转变的是**顾客的价值主张**。当你把它内化，用在忠诚度上时，它转变的是**员工的价值主张**。

忠诚度的提升和下降全部取决于员工的价值主张。提高报酬是提高员工价值感的一种可能方式，但只是起步。你还可以通过增强员工的体验来提升价值感：晋升机会、认同、有意义的工作、同事情谊、弹性工作制。这些东西都可以增添价值。

为了做到这一点，很多故事品牌脚本被创造出来。当然，指向顾客的外部品牌脚本仍然是不可或缺的。但是，也有很多品牌脚本是从领导者的视角出发，针对整个团队制定的。在这些故事品牌脚本里，团队被定位为主人公，企业领导层则把自己定位为向导。领导者创造出薪酬包、领导力提升计划、组织活动以及更多的"工具"，来帮助他们的雇员成为人生赢家。如果不清楚团队成员的叙事是往哪个方向发展的，那么不论是薪酬、发展机会还是活动，都可能变成四散蔓延的火灾。

我们一次又一次地看到，领导者渴望自己被视为主人公，可是实际上，他们认为自己通过扮演主人公能够得到的东西，只有通过扮演向导才能得到。人们尊敬、爱戴、听从、理解并忠实追随的人，是向导。

当顾客的故事和企业的故事与团队的故事协调一致时，我们炼制的魔药就不仅仅能赚钱，还有价值。如今，我经营一家奉行故事品牌文化的公司已有数年，我再也不能回头了。除了占领市场以外，生命中还有很多有意义的东西。如果一个团队在完成如此具有挑战性的任务的同时，把这份壮志与他们个人的梦想绑在一起，那么占领市场就会变成一则美丽的故事。

你的组织在奉行怎样的使命？跟你交流的每一位利益相关者都理解你的顾客故事和你的组织在那个故事中扮演的角色吗？他理解他作为个人在这一重要的叙事中扮演的角色吗？如果答案是否定的，让你的企业承担使命也许就是扭转乾坤的第一步。这不仅仅是为了企业，也是为了你的顾客、为了你的团队成员，甚至为了你自己。

没有故事的地方，就没有全身心的投入。

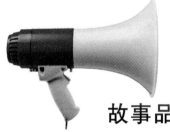

故事品牌营销路线图

你可以（几乎免费）用来执行故事品牌框架从而增长业务的五件事

下面还要做什么呢？如今，我们已经拥有了一个故事品牌脚本，那么我们如何才能使用这些有力的信息，让它们对我们的利润产生最大的影响？

故事品牌营销路线图是为你准备的一份操作简单的"新手入门"指南，指导你如何把品牌脚本付诸实践。如果你尚未创建你的品牌脚本，那你可以再走一遍本书的流程，也可以参加一场我们线下或线上的工作坊。

创建好品牌脚本之后，你很可能马上就想完善你的网站。我们认为，这是你为了生意的壮大要采取的第一步，也是最重要的一步，所以我们把这一步单独设立一章。完善你的网站不仅能壮大你的生意，还能帮助你和你的团队掌握有关最新消息的谈话要点。

在你的网站修改完成且已足以清晰地传播信息之后，我们认为，遵循这幅路线图就是接下来最有效的一步。绝大多数企业都可以通过遵循这幅路线图来收获可见的改观。

在与我们合作过的数千家企业中，不管它们经营的是小本生意还是数十亿美元的大买卖，以下五种营销和信息传播方面的努力（以及为了让它们生效而配合进行的网站修改）都收到了最好的效果。好消息是，它们几乎都是免费的。我的意思是，它们也许会花费你一些时间，但你不需要雇用一家庞大的广告公司就能看到成效。

你可以用来壮大生意的这（几乎免费的）五件事，分别是什么？

就是它们。

1. 创作一句妙语。这幅路线图将教你用一套由四个部分组成的公式创作一句壮大生意的妙语。你要牢牢记住这句妙语，然后不管什么时候，每当有人问你是做什么的时，就把它背出来。你可以把这句妙语告诉你的员工，挂在网站上，加在电子邮件签名里，甚至印在你的名片背面。人们都想知道你如何能让他们的生活变得更好，这样做就是要为你展示出一种吸引他们接受你的品牌的方式。把这一点告诉他们。

2. 创造一个引流生成器并搜集电子邮件地址。你需要一个引流生成器。你需要一份 PDF 文件、线上课程、系列视频、直播活动或者任何其他能让你搜集到电子邮件地址的东西。引流生成器能帮你定位匹配的买家，这样你就能直接且可信地让他们知道：你如何能帮他们解决问题。这也许是你通过阅读本书能创造出来的最重要的一份宣传材料。在这幅路线图里，我将为你展示怎么才能做到。

3. 制作一份自动发送的电子邮件广告。营销已经变了，即便是那些规模很大的公司也开始分散广告开销，把一部分留给电子邮件广告。但是，从何处入手最好呢？目前来看，一份持续自动发送的广告能让你收获最好的结果。在这一部分，我会教你一些基本步骤。一旦你开始搜集电子邮件地址并启用了入门级的用户培养方案，那种感觉就好像是你雇用了一支销售团队，在你睡觉的时候也在为你卖命。

4. 搜集并讲述转变故事。几乎每个故事都是在讲主人公的转变，而当我们讲起我们如何帮助顾客实现转变时，潜在的顾客就能立即理解你的品牌能为他们提供什么。在这一部分，我将帮你搜集转变故事，教你问顾客哪些具体问题，以及在什么地方使用这些故事，才能从潜在顾客那里得到最好的回应。

5. 创造一个生成客户推荐的系统。创造一个把潜在顾客导向实际用户的系统，并不意味着你的工作已经完成了。最后一步是转过身来，邀请满意的顾客成为你的品牌的传道士。而只有当我们创造出一个邀请并激励他们四下传播的系统时，这种情况才会发生。故事品牌营销路线图的终点处提供了一份手把手的指南和一套颠覆传统的观点，就是要鼓励你的现有顾客把你的产品或服务讲给他们的朋友听。

你的分步方案

故事品牌营销路线图上的每一步都将为你的公司提供帮

助。你执行的步骤越多，你的信息就会变得越清晰，你的公司也会收获更大的成长。

这幅路线图可能要花费你几个月甚至一年的时间去执行，但是不用担心。随着每一步的展开，你将不断地看到成效。

如果你想聘请一位故事品牌的持证导师带领你实施这幅路线图，可以在 www.clarifyyourmessage.com 网站上搜索适合你的导师。故事品牌的持证导师作为独立承包人，承担的是营销教练和顾问的工作，每个人都通过一个仿真的现场训练项目拿到了资质证明。他们接受过特别的训练，旨在帮助你清晰阐明你的信息，并通过实施这幅路线图获得最佳的成果。

不管你打算聘请一位导师还是自己独立完成，这五件事都是我们的客户在优化企业信息方面最成功的方式。可以把这幅路线图当作一张检查表。在你使用 SB7 框架创建好一个品牌脚本，改进了你的网站并使其清晰诱人，又逐一执行了故事品牌营销路线图上的五项任务之后，你就会一边省着钱、一边迎来公司的成长。

故事品牌营销路线图任务之一：为你的企业创造一句妙语

大多数企业领导者一旦开口谈论他们的生意，就已经开始赔钱了。当有人问我们是做什么的时，如果我们眼睛一眨，回答说"嗯，这很复杂"或者"啊，这家公司是我的祖父一手创办的……"，顾客会立刻兴致全无。相反，想象一下，如果你记住了一句妙语，每当有人问你时，都可以脱口而出，而且这句妙语与潜在客户的需求息息相关，它如此有力，以至于听到的人都想问你索要名片，那将会是怎样一番场景？

面对"你是做什么的？"这个问题，一句妙语是一种新鲜而有效的回答方式。它比一句口号或者宣传语作用更大；它用一句话的陈述让人们意识到，他们为什么需要你的产品或服务。

为了理解妙语运作的方式，让我们再从好莱坞的战术手册中借鉴一页。当编剧把他们的剧本丢给电影工作室的负责人时，这个剧本是被采纳还是被拒绝，通常取决于一个叫作情节线（logline）的东西。

一条情节线是关于一部电影的一句话描述。一条抢眼的情节线不仅能帮编剧把剧本卖出去，还能一直用到电影的首映周。如果你曾经在手机的电影应用程序或者网飞（Netflix）上查找想看的电影，那么你极有可能已经读过情节线了。下面是几则例子：

　　一名把生活重心全部放在学校的早熟私立高中男

生，与这所学校历史上最成功的校友，为了追求一位一年级女教师展开了竞争。

——《青春年少》

铁匠威尔·特纳为了解救他的心上人——总督的女儿，跟性格古怪的海盗杰克·斯帕罗船长联手行动，而掳走总督女儿的正是杰克从前的海盗同伴，现在拥有不死之身。

——《加勒比海盗：黑珍珠号的诅咒》

这个科幻故事讲述的是，一名来自与世隔绝的沙漠地带的小伙子，天真淳朴而又志向高远，在跟一位好斗的公主、一名太空走私船船长和一个老年巫师勇士组队，发起反抗银河帝国邪恶力量的平民起义时，发现了他从来都不知道自己拥有的力量。

——《星球大战：新希望》

一家汽车零件工厂迎来一位无能而又不成熟的、呆头呆脑的继承人，他必须挽救公司，以免其落入骗子亲戚和大公司之手。

——《乌龙兄弟》

是什么让这些情节线完整而有效？是这两样东西：想象和伏笔。它们用一种让观众可以想象出故事的方式把电影总结出来，同时又埋下足够多的伏笔，让观众想去观看电影。

你为你的企业创造的那句妙语，将发挥与电影里的情节线一样的作用：吸引匹配的买家，邀请他们跟你做生意。

现在假设你企业里的每个人都记住了你的妙语。如果每个跟你共事的人都转化成为一股销售力量，把有关你的产品或服务的那句话四处传播，会发生什么事？创造一句妙语并不断地重复它，是令你所做之事流传开来的绝佳途径。

为了打造一句让人心动的妙语，要启用一个精练版本的故事品牌框架。下面四个成分能帮你打造出一句有力的妙语：

1. 人物
2. 问题
3. 方案
4. 成功

你的妙语不一定非得是一句话，也不一定需要四句话。可以把它当成一句陈述。你只是想要传递出这四个问题而已：你的顾客是谁？他的问题是什么？你用来帮助他的方案是什么？接受你的帮助之后，他的生活看起来如何？

让我们围绕这四个要素展开更深入的讨论。

1. 人物

如果你已经创建了一个品牌脚本，在谈到你的人物是谁以及他想要什么时，你就已经把重头工作都做完了。假设你的顾客的人口学特征是中产阶级妈妈，而你卖的是普拉提课程，那么你的妙语可以是："我们帮助忙碌的妈妈保证每周参加有效的锻炼，让她们感到健康且充满能量。"如果你想把度假屋出租给退休的夫妇，你可以说："我们帮助退休老人省下在佛罗里达州再买一套房子的钱，在我们这里也有他们最爱的温暖沙滩和奢华的住宿环境。"这些例子都始于一个人物：一个忙碌的妈妈、一对退休老人。你需要让人们听到妙语时能够脱口喊出："那就是我！"

2. 问题

正如本书前文所述，故事的枢纽在于冲突，刻画出一个问题可以在顾客的心里触发这样的想法：没错，我确实为此烦恼。你的品牌能帮我克服它吗？

中产阶级妈妈面临的挑战是忙碌的日程。她们似乎永远都挤不出时间锻炼身体。一对退休的夫妇想前往佛罗里达过冬，可是购买一套房子的开销让他们望而却步。话说回来，定义一个问题要格外慎重，因为一旦你定义了问题，你就打开了一个故事的环，而顾客就会指望你帮他找到一个解决方案。

3. 方案

你不可能在你的妙语中给出整个方案，但你必须透露一二。对于没时间锻炼的中产阶级妈妈，这个方案可以是每周固定的有效锻炼时间。对于退休夫妇而言，分时度假[*]的方案可以让局面豁然开朗。

当顾客阅读你的妙语时，方案部分应该引发他去想：好吧，如果这么安排的话，还有点道理，可能有希望实现。

4. 成功

你要在这里描绘出顾客使用你的产品或接受你的服务之后的样子。对于中产阶级妈妈而言，成功可能包括一种健康感、幸福感或者吸引力。而对于在佛罗里达州寻找第二处住所的退休老人而言，成功可能只意味着一个温暖而舒心的冬天。

让我们把上述步骤归拢到一起，为中产阶级妈妈编写一句妙语，观察一下一句妙语的真实力量到底有多大。

- 人物：妈妈

- 问题：忙碌的日程

- 方案：简短、有效的锻炼

- 成功：健康，补充能量

- "我们为工作繁忙的妈妈提供简短有效的锻炼，让她

---

[*] 指把酒店或度假村的客房或公寓的使用权分成若干周次，以会员制方式一次性售给客户，会员每年到酒店或度假村入住一定时间的方式。——译者注

们保持健康，随时补充能量。"

不妨拿这句话与这个行业大多数领导者可能给出的描述对比一下："我经营一家健身房。"

如果你是一位忙碌的中产阶级妈妈，你的耳朵会为那句新鲜的妙语竖起来，因为它认出了你，帮助你解决你的问题，为你提供了一套方案，并许诺了一种更好的生活。这样一句妙语邀请顾客进入的，是一个他可以真正活在其中的更好的故事。

那么，我们那对退休夫妇呢？

- 人物：退休的夫妇
- 问题：第二套房贷
- 方案：分时度假
- 成功：避开寒冷的北方冬天
- "我们帮助想要远离严冬的退休夫妇免除购买第二套房的麻烦，仍然可以享受到佛罗里达温暖而美丽的冬天。"

再把这句妙语跟这一行大多数领导者可能说的话对比一下："好吧，这很复杂。我在几年前投入了房地产领域，然后在生下第二个孩子之后，我们搬到了佛罗里达……"后者显然是无聊的噪音。

在故事品牌，我们的妙语是："这一行大多数领导者不知道如何谈论他们的公司，所以我们创造了一个框架，来帮助他们简化信息、创作优质的营销材料、与顾客建立联系并让生意增长。"再说一遍，妙语只不过是一句清晰且可以不断重复的陈述，它要让潜在的顾客在企业讲述的故事里找到自己的位置。

不断编辑你的妙语，直到它产生效果

把你的第一句妙语当作一份粗糙的草稿。把它写下来，反复测试，说给你的朋友、配偶、潜在客户甚至是在星巴克参加聚会的陌生人听。人们看上去对这句妙语感兴趣吗？他们完全理解你提供的东西了吗？如果答案是肯定的，你就已经走向了正确的方向。而当他们开始向你索要名片或者问你更多信息时，你就真的踩到点子上了。

如何使用你的妙语

当你创造出你的妙语之后，就尽情地使用它吧。下面是几种让它发挥作用的途径。

1. 记住你的妙语并不断重复它。你很可能已经习惯了对自己的生意侃侃而谈，以至于背诵妙语变成一件不那么自然的事。要像电影演员背台词一样把它背下来，而且要把它想象成你最重要的一句台词。多读，多重复，直到你能像说出自己的名字一样脱口而出。这会花上一些时间，但可能是你

237

花在新信息宣传活动上最有效的几个小时。

2. 让你的团队记住这句妙语。下面，是时候让你的团队分享这句妙语了。这涉及每一个人，从首席执行官到修整草坪的工人，无一例外。如果每一名团队成员都能重复这句妙语，你就把你的员工转化成了一股病毒般的销售力量。变着花样玩吧！把这句妙语印在你的墙上、咖啡杯上、T 恤衫上，或者任何一件你的团队每天都要和它打交道的东西上。等你的团队中每一位成员都记住了这句妙语，他们将把关于公司的清晰而迷人的信息四处扩散——在他们参加的每一场鸡尾酒会上、在他们亲临的每一个棒球赛场上。

可你还是要做好心理准备，因为你恐怕难以想象，真正做到这一点有多难。打造品牌是一件困难的事，而且颇费时间。随身揣上一叠 5 美元的纸币，每天追问办公室里的人你们公司是做什么的。如果有人用妙语回答出来，就立马奖励他 5 美元。很快，消息就会在办公室里传开，人们知道他们需要把这件事搞定。等到你收手的时候，可能已经花掉了 1 000 美元，但我向你保证，这是你花在公司营销上最值的一笔钱。

3. 把妙语挂在你的网站上。虽说在网站上放什么文字总体上是一件主观的事，但还是要确保给你的妙语留下一席之地——哪怕只是网站主板块下方的一小段。挂上你的妙语，几乎可以保证你的网站能把潜在顾客吸引到一个他们认为有趣的故事中来。把文字加粗，用清晰可读的字体让妙语成为你想要浏览者阅读的最明显的陈述之一。

4. 在每一份可能的宣传材料中重复你的妙语。反复使用你的妙语，直到感觉几乎过度为止。把妙语收录在每一份可能的宣传材料里。顾客不会阅读我们的每一封邮件，或者每天都访问我们的网页。顾客读到或听到妙语的机会越多，就越可能理解我们是如何让他的生活变得更好的。

把妙语打印在你的名片上，并放在你的社交媒体个人简介中；把它印在你的产品包装袋上；把它放在你的电子邮件签名里。一遍又一遍地重复它，增加顾客读到它的机会。

在我最近参加的一场慈善音乐会上，一众顶尖音乐家轮流传递一把吉他，轮番演奏，来为一家非营利机构募捐。尽管这些艺术家创作过不下数百首乐曲，但我注意到，他们每个人都只献上了他们最热门的曲目。如果这是他们个人的音乐会，他们可能会演奏一些不那么有名的乐曲，或者夹杂一些新乐曲，但是因为每个人都只能演奏寥寥几首乐曲，所以他们就把人们最喜爱的拿了出来。

你想象过成为一个了不起的音乐明星是什么感觉吗？爱你的人群和明星待遇是很棒，但舞台上的生活却重复起来没完没了。我经常纳闷：让詹姆斯·泰勒（James Taylor）一遍又一遍、一夜又一夜、十年又十年地演唱那首《火和雨》（Fire and Rain），该是一件多么困难的事。更糟的是，他还永远不能把它用邮件发出去——每天晚上的人群都是不一样的，而他不得不每一次都带着新鲜的能量和热情来演唱这首发布于 20 世纪 70 年代的歌。

这正是获得成功所必备的素养。詹姆斯·泰勒把同样一首歌唱了一遍又一遍，因为归根结底，他是人民的仆从。他是一位杰出的艺术家，可他同时也是一名职业人士，而职业人士必须竭尽所能地去取悦顾客、交付账单、发展他们的品牌。

当你想到自己需要频繁地说出你的妙语时，把自己当作一个大明星好了。业余爱好者泛泛而谈，演唱他们想唱的任何东西，说他们想说的任何话，但是职业人士要服务于他们的听众。我们的妙语就像是我们的主打歌一样，需要一遍又一遍地把它说出来，直到顾客能记住它，并开始向他们的朋友复述。

故事品牌营销路线图任务之二：创造一个引流生成器并搜集电子邮件地址

一个小问题：你今天拥有的最神圣、最私密、最个人化的财产是什么？你最怕自己的哪一样东西的完全且无条件的使用权被别人掌握？

我打算做出一个大胆的猜测：你的智能手机。

仔细想想，你生活中很大一部分——照片、文字、应用——都存储在那个小小的设备里。而且十分可能的情况是，在你的手机上有一个重要的账号——你的电子邮箱账号，扮演着你生活里几乎每一种角色。

如果你的情况如此，那么你的顾客也是如此。电子邮箱账号是人们拥有的最神圣、最个人化的财产之一。那要是你能通过那条渠道与顾客建立起直接的联系呢？要是顾客愿意给你通过这种个人化的方式联系他们的许可呢？

这就是电子邮件营销了。电子邮件是你发展业务的最有价值且最有效率的方式，特别是当你的公司收益在500万美元以下，同时你又没有太多的营销预算时。我在写这本书的时候，在推特和脸书上各有几十万的粉丝，但是把我所有的社交媒体平台加起来，数量也远远追不上通过电子邮件发出的更新或推荐。

打破简报订阅的神话

参加我们工作坊的大多数企业领导者都认为电子邮件是无效的，因为很少有人会订阅他们的简报。我不愿意做那个泼冷水的人，但是真的没人愿意订阅他们的简报。没有人愿意报名"待在圈内",因为这种提议根本没有许诺任何有价值的东西。它唯一预示的东西,就是一封垃圾邮件。

那么,我们怎么才能让人们加入我们的电子邮件名单呢?我们为他们提供某些有价值的东西作为回报——某些比简报的模糊提议更有价值的东西。这种"东西"就是引流生成器(lead generator),是一份能够像磁铁一样把人们牢牢吸引在我们的生意上并邀请他们采取行动的资源。在故事品牌框架里,我们把它称为**转换型行动召唤**。如果你还记得,一个转换型行动召唤就好像在邀请潜在顾客出来约会一样。我们不是在向他们索取承诺,而是请求他们多花一点时间来陪我们。

如何创造一个令人无法拒绝的引流生成器

为了与当今市场上的噪音进行战斗,你的引流生成器必须做到以下两点:

1. 为你的顾客提供巨大的价值

2. 把你塑造成该领域内的权威

在刚刚启动故事品牌项目那年,我们的第一个引流生成器是一份简单的可供下载的文件(PDF 格式),文件名是"你的网站应该包含的五样东西"。它获得了令人瞩目的成功。超过 4 万人下载了这份文件,令我得以用电子邮件为我们即将推出的故事品牌营销工作坊发出提醒。我们公司有超过 200 万美元的指标归功于这个引流生成器。之后，我们又创作了一套免费的系列视频，把它们命名为"5 分钟营销化妆术"（http：//fiveminutemarketingmakeover.com），这将我们的引流生成器推上又一个台阶。我们不用再挖空心思地创建业务了。我们已经开始为我们公司获得的每一条收益流创造引流生成器了。这让我们得以依据顾客的兴趣对他们进行分类，提供不同的产品来解决他们各自不同的问题。

创造引流生成器的手段是无穷无尽的。我们的客户在提供有价值的信息和服务以换取电子邮件地址这方面，已经表现出了不可思议的创造力。在我们创造过或者目睹我们的客户创造出的所有引流生成器中，下面五种类型是最有效的。

适用于所有生意类型的五种引流生成器

1. 可供下载的指南手册。这是一种便宜得出奇的引流方式，也是我们在启动故事品牌项目时采用的方法。要做到具体。如果你是一家本地农产品市场供应商，那么就每月按时提供一份花园打理方案或者建议。

2. 在线课程或者研讨会。创建一堂简短的在线课程或者研讨会也是一种方法，同样十分简单。如果你是某方面的专家，并且想要在市场上给自己这样定位，那就提供一次免费的在线课程，用它来交换电子邮件地址。这么做之后，你将把自己定位为一名专家，建立起一种互惠关系，同时赢得顾客的信任。

3. 软件演示版或者免费试用期。这对很多生意都产生了神奇的效用。还记得吗？20世纪90年代早期，美国在线（AOL）用邮件寄出了演示光盘，随之附送了45天内长达1 000小时的免费网络流量。这就像说了一句魔咒一样有效。互联网从此面目一新，但背后的营销原则未曾改变。

4. 免费试用品。我的妻子贝特西从一家名为蓝围裙（Blue Apron）的店订购半成品食物。为了生成更多的引流，蓝围裙为她提供了"免费使用套餐"，让她可以赠送给朋友和家人。其中有一些人收到以后真的试用了，然后就成为新的买家。

5. 线下活动。如果你曾走进一家像派可（Petco）那样的大型宠物商店，很可能收到过参加免费狗狗训练课程的邀请。即便你的运营规模很小，组织季度性课程也是一种建立目标顾客小型数据库的绝佳方式。

还是没想法？ 那就从下面这些例子里扫走一些主意吧

拥有一个有效的引流生成器的关键之一，是给它取一个令人难以抗拒的标题。下面这些都是我亲眼见证的运转良好的引流生成器范例。没必要一切从头来过。可以利用这些经受了考验的范例，在此基础上创造出类似的东西。

"人们在使用他们的第一笔百万美元时常犯的五种错误"——这是一份可供下载的 PDF 指南，由一家财务咨询机构提供。这家财务咨询机构想要发现年轻的新晋富人客户，并用它的财务方案帮助他们理财。

"建设你的理想家园：盖房子前需要明白的 10 件事"——这是一本免费的电子书，由一位工程师提供，她想要把自己打造成一位向导，为那些自己动手盖房子的家庭提供指引。

"鸡尾酒俱乐部：每个月学会调制一种新的鸡尾酒"——这是一个每月举办的活动，出人意料地由一家园艺店举办，他们教参加者如何把苦啤酒同简单的糖浆与草药调配在一起。这项推广活动的目的是创建一个团结在他们商店周围的社群。他们的生意不断增长（或者更应该说有声有色），因为人们都想参加他们的课程。

"成为一名专业演讲家"——这是一堂由一位演说教练为那些想要成为专业演讲家的人提供的免费在线课程，为其教练服务带来了长期认购引流。

这样的想法无穷无尽。如今，你已经对引流生成器有所了解，可能在每个地方都能看到它们的身影。把引流生成器的可能性不断添加到你的记录清单上。如果有一种可能性异常强烈地打动了你，就动手创造一个属于你的版本。关键是要避免陷入"分析性瘫痪"。最好从一份可供下载的 PDF 格式的指南手册开始，这也是最容易入手的。如果你不擅长写作，也不用担心。到处都有可以聘请的写手。

整个过程相当简单：让写作者就你的专业领域对你进行采访，然后他就能创作出有血有肉的内容了。接着，你可以把终稿交到设计师的手中加以呈现。这个过程既快捷又便宜，而且能产出丰硕的成果。

我应该免费赠送多少价值？

这是我们最常被问到的问题之一。我的回答是：能多慷慨，就多慷慨。就我所知，赠送有价值的免费内容，从来不会让我吃亏。人们囫囵吞枣地匆匆咽下这份内容，然后心甘情愿地花钱参加工作坊或者聘请导师来帮助他们放慢脚步，用一种适合自己的节奏消化信息。

如果你打算创作一份可供下载的 PDF 文件，把它的内容保持在三页左右。把尽可能多的价值塞到这三页里，好让你的未来用户把你认作那位"可以倚仗"的向导。

在营销界有这样一种说法：你给出的是"为什么"——为什么一名潜在顾客需要应对或者注意到某个特定的问题，而卖出的是"如何"——提供一个工具或者教顾客如何把每一个步骤贯彻执行。我个人坚信，我们应该慷慨——非常慷慨。在故事品牌，我们当然也会给出"为什么"，但我们还会给出很多"如何"。对顾客慷慨，从来没有让我吃过亏。

我们需要多少电子邮件地址才能起步?

这是一个常见的问题,我也打算给出一个常见的答案:视情况而定。一个财务咨询机构也许"千方百计"才能得到500个电子邮件地址,而这可能要花上几年的时间。一家全国性或国际化的企业可能需要数十万个电子邮件地址,再根据人口统计学信息进行划分。但是,如果你的生意每年的收益不到500万美元,那么只需要获得250个有效的电子邮件地址,就应该能够看到效果了。

我应该把我的引流生成器设置在哪里?

确保把你的引流生成器设置在你的网站上,怎么设置都可以。我推荐在你的网站上用弹窗的方式呈现,每浏览10秒钟左右就弹出来,为读者献上你的资源。虽然人们对弹窗颇有微词,但数据是不说谎的:弹窗几乎超过了所有其他类型互联网广告的表现。只要确保有一个10秒钟左右的间隔就可以了:你不想让弹窗不停出现,那就好像你刚刚跨进一家零售店的大门就受到了推销员的骚扰一样。

就跟种地一样,建立一份健康而有黏性的电子邮件列表需要花费时间,但是这些时间是值得付出的。今天就开始。一年以后,你会很高兴自己这么做了。

故事品牌营销路线图任务之三：制作一份自动发送的电子邮件持续广告

我在二十四五岁的时候，开着自己的大众小货车在全国各地游历了一年左右，然后在俄勒冈州波特兰市城外的一家出版公司找到一份看管仓库的工作。找到这份工作纯属偶然：一位朋友的爸爸是这家公司的老板，他得知我需要一份工作。我对此是无比感激的。虽然这只是一个初级职位，但是在出版业的工作经历让我爱上了书籍。

从事那份工作几年之后，公司把管理权交到了我的手中。从公司老板方面来看这是无意之举，因为随着员工大量地退休或者跳槽，老板不断"临时性地"把我提到更高的职位上去。可是，有一个季度，老板聘请了一位咨询顾问来帮他分析接下来工作的方向。通过数据调研，咨询顾问指着我说："把活儿交给那个家伙，然后让他按照自己的想法去做。"我的惊讶程度不亚于我的老板。在我们都没怎么意识到的情况下，公司真开始发展起来了。而当我们面对面坐下来仔细分析数据时，我们才意识到了原因所在。

原来，就在我一路升迁之前，我发现了一款名为"File-Maker Pro"（文档生成器，专业版）的软件——我们用这款软件管理我们的数据库和订单。我花了很多时间来琢磨这款软件，然后有一天忽然意识到，我们可以看到每个月最大的订单都是由谁下的，然后给他发一封邮件。这在如今已经是标准化的营销模式了，可在当时，它还算相对先进的技术。每个月，我都会发送大约200封正式邮件，发给那些大量订购我们图书的企业。只是这么一个简单的举动，就催生了大笔订单。

我写给顾客的那些信里，完全没有任何优秀的销售文案。其中一封信讲的是我小时候参加的一次露营之旅！莎士比亚般的情节，根本不存在。

我今天再写这样的信，收到的回应要多得多了，可是回头看看，即使是那么糟糕的信件，也还是有效地壮大了我们的生意。而且，我们的顾客所做的一切，只不过是把这些信从一堆信件里拣出来，然后随手删掉。

那么，为什么人们甚至都没有读过我的信，公司生意还是因此而壮大了呢？

我从后知后觉的视角出发意识到，那是因为我们的顶级顾客每个月都被提醒了一次我们的存在。那些顾客每次删掉一封邮件，即便连邮件都没点开，我们的名称也还是在他们的眼前闪过了一次。

内容是重要的，但我要说的是，哪怕仅仅是提醒顾客注意到我们的存在，也能发挥巨大的作用。我当时很年轻，也很愚笨，但是我误打误撞地有了一点意识。我们的顾客也许好几天都不需要我们的产品，而且他们可能下一天也不需要，但是当某一天他们真的有需要的时候，我们想确保他们记住我们是谁、我们有什么以及他们要到哪里去找我们。

向潜在顾客发送有规律、有价值的电子邮件

邮政时代还没有完全终结，但毋庸置疑的是，电子邮件已经大体上取而代之了。当你已经通过你的引流生成器得到了电子邮件地址之后，下一步就要制作一份自动发送的电子邮件广告。

自动发送的电子邮件广告是提醒顾客你们存在的绝佳方式。而如果他们碰巧打开了你的邮件（你想不出到底有多少人真的打开了邮件），这将是邀请顾客进入你公司讲述的那个故事的绝佳途径。

一份自动发送的电子邮件广告是按提前编好的电子邮件信息序列发送的，每当一个人被添加到你的名单上时，信息就会被触发。有些人管这叫"自动反应序列"或者"漏斗"，但是不管叫法如何，核心的理念都是：通过这么做，就算在睡觉的时候，你也能邀请顾客进入一种引向购买的叙事。

真的有人读那些东西吗？

不用担心这些邮件的打开率有多低。20％的打开率是行业标准，所以任何高于这个数字的表现都是良好的。记住，即使一个人看到一封邮件就把它给删了，目标也还是达成了：你把自己作为一个"品牌"推到了他的世界当中。

如果你的名单中有人取消了订阅，那也是件好事，因为那个人本来就很可能再也不会从你那里买东西了，而且这还缩短了你的名单长度，让你不必为累赘的电子邮件多付钱给邮件服务供应商。你在营销中最不愿意做的一件事就是骚扰别人，所以如果有人取消了订阅，那就再好不过了。与抓住大量完全没有购买意图的人不放相比，更重要的是拥有一份匹配的、感兴趣的订阅者名单。

我订阅了很多几乎从来没有打开过一次的邮件列表。为什么我不取消订阅呢？因为大概每隔 20 封邮件，它们都会发来一些我真正想要打开阅读的东西。而所有那些被我直接删除的邮件，也在帮助那些企业在我的意识中不断地塑造着它们的品牌。

开始

自动发送的电子邮件广告虽然有很多种类，但是我们推荐在最开始先使用培育型营销（nurturing campaign）。培育型营销是运用简单而有规律的电子邮件，为订阅者提供与你的产品或服务相关的有价值的信息。

同引流生成器一样，我们想让这些电子邮件不断地把我们定位在向导的位置上，同时与潜在顾客营造一种信任与互惠的纽带关系。我们总会有向顾客提出购买请求的时候，但这不是培育型营销的首要目标。典型的培育型营销包括每周一次的电子邮件，可以按照如下的顺序安排：

电子邮件 1 号：培育型电子邮件

电子邮件 2 号：培育型电子邮件

电子邮件 3 号：培育型电子邮件

电子邮件 4 号：带有行动召唤的销售型电子邮件

这个模式可以逐月重复。我建议先制作好几个月的营销材料，然后任其运转起来，等你有时间的时候再逐渐添加。要旨在于，提供某些很有价值的东西，然后偶尔提出下单的请求，并提醒人们你拥有可以改善他们生活的产品或服务。很快，将有数百位潜在顾客了解到你的生意。而当他们需要你的专业帮助时，就会想起你来，然后下单购买。

那么，一封培育型电子邮件与一封带有购买请求和行动召唤的邮件之间，存在什么样的差别？

培育型电子邮件

使用一种有效的套路为顾客提供简单有用的建议，是编写每一封培育型电子邮件的好办法。我多年来一直在使用这个组合，顾客很爱它。

1. 谈论一个问题。

2. 解释一种解决问题的方案。

3. 为读者描绘一幅问题解决后的生活面貌。

我还建议在邮件中加一则附言或者 P. S.（附笔）。通常，P. S. 才是人们打开一封巨长的电子邮件之后唯一真正阅读的部分。

真的就是这样。如果你尽可能有效地处理了这三个范畴，你就能编写出让顾客打开、阅读并记住的电子邮件。

一封优秀的培育型电子邮件

我们最近为一家宠物犬寄养公司的老板提供了咨询，她想要进一步壮大自己的生意。我们建议她创作一份引流用的 PDF 文件，命名为"当你离家时你的狗狗心中所想的五件事"，拿它来交换匹配用户的电子邮件地址。有哪位爱狗人士不想阅读一份起了这种标题的 PDF 文件呢？完美。

几天以后，当有人下载了这份 PDF 文件时，他们会收到培育型营销的第一封邮件。这封邮件的内容如下：

邮件标题：我们应该自由喂养我们的狗狗吗？

亲爱的某某：

在峦山寄养店（Crest Hill Boarding），我们经常被问到：可不可以自由喂养我们的狗狗？要想保证狗狗一直有食物，而且永远不会挨饿，自由喂养显然是最简单的做法。但是，自由喂养是存在一些问题的。自由喂养的狗狗往往在年纪大了以后会过度肥胖，健康问题也会在我们注意不到的时候随之而来。

我们建议定量喂养您的狗狗，每天一到两次。20分钟后，如果您的宝贝还没有吃光食物，我们建议把多余的食物倒掉，直到下一次设定好的时间再喂它。

通过固定喂食时间和喂食量，您就能监控您的狗狗吃了多少，还能诊断出导致它没有食欲的疾病。这能保证您的狗狗身体健康，度过幸福长寿的一生。

祝狗狗长久陪伴您的左右。

某某谨上

P. S. 至于每只狗狗应该喂多少才合适，这完全取决于您的狗狗的年龄和体型。等下一次带您的狗狗来到店里时，把狗狗介绍给我们，我们将告诉您我们对这种犬型所了解的一切。

这封电子邮件的末尾处加上了这家店的标识、他们的妙语以及电话，以备有人准备下单。可是，话又说回来，获取订单并不是这封邮件主要关心的东西。这封邮件主要是想提供某种有价值的东西，把企业定位为向导，并创造一种互惠关系。

　　你可以看到，每周一封这样的电子邮件是如何帮我们的狗舍在每一位狗主人的心目中树立形象的。下一次，当一名潜在顾客不得不突然离家时，他会想起我们的狗舍，然后带着他的狗来寄宿。

　　在收到另外三封类似的电子邮件之后，我们的客户发出了一封包含了购买邀请和行动召唤的电子邮件。

　　推荐购买和召唤行动的电子邮件

　　在培育型营销中，大约三分之一或四分之一的电子邮件应该是在向顾客提供一种产品或服务。这里的关键在于直接。你不想处于被动，因为被动传播的信号是弱点。在这封电子邮件里，你要清晰地完成一次供货请求。

　　此处也有一些套路：

1. 谈论一个问题。

2. 描述一种由你提供的解决这个问题的产品或服务。

3. 为读者描述问题解决后的生活面貌。

4. 直接召唤顾客行动，导向购买。

　　一封优秀的推荐购买和召唤行动的电子邮件如下所示。

邮件标题：让狗狗寄养不再令人担惊受怕的一套方案

亲爱的某某：

　　如果您跟我们是同一类人，那么您肯定不愿意在出城的时候把狗狗留在家中。而且您也不愿意去想象这样的场景：您的狗狗被关在一个笼子里，身边挤满了乱吠的其他狗，让狗狗压力爆棚。作为爱狗之人，我们也讨厌那种感觉，所以我们才创办了峦山寄养店。

在峦山，您的狗狗可以整天尽情地玩耍，到晚上巴不得好好睡上一觉。我们有三名全职员工帮它们丢棒球、逗它们奔跑和玩耍，让它们沉浸在欢乐里，完全把这里认作第二个家。这也就意味着，每天结束的时候，所有的狗狗都巴不得好好睡一觉，而您的狗狗也能享受舒适的休息时间。您不会相信，每天晚上 8 点钟，在我们把狗狗都哄睡了以后，我们的狗舍有多么安静！

就是现在，您可以在峦山以半价预订三个晚上。机会仅此一次，这是为了向您表明：我们在照顾宠物方面多么与众不同。我们相信，只要您看到了狗狗多么热切地愿意加入我们，当您再次需要出城时，就不会那么难过了，不用再对狗狗有愧疚感，也不用悲伤地和它说再见。

要享受这次优惠，就给我们打电话吧。您甚至都不需要知道下次出城的时间，我们将把您的优惠信息记录在我们的系统里，随时可用。

赶快拨打我们的电话吧：555-5555。

我们已经等不及请您的狗狗来峦山享受一次与众不同的

经历了！

某某谨上

P. S. 一定要在今天打电话哦。打一个电话只需要一两分钟的时间，而您就可以永远注册在我们的系统里了。打完这次电话后，您的狗狗就有了一个除了家以外最喜欢的地方。不论何时，当您需要为狗狗找一个安全、可信而有趣的地方住的时候，我们都会等您。

这封电子邮件从峦山的品牌脚本里汲取了大量内容，包括顾客的外部问题和内部恐惧，以及从成功模块中提取的元素。但是，这封电子邮件的主旨是：如果一名订阅者利用峦山的优惠完成购买，那么他的一种忧虑就会得到解决。

请注意，这里有很强的行动召唤，而且包含了一定程度的稀缺性，因为这是一种一次性的优惠。任何读到这封电子邮件的人都明确地知道我们想要他做什么：把他的狗送到峦山寄养。

我们应该使用什么软件？

可以用来制作自动发送的电子邮件广告的软件有很多种。如果你在跟一位设计师或者一家广告代理机构合作，这很可能是他们需要操心的问题。你只要让你的设计师用他们习惯的软件来处理就好。

　　如果你想自己创作这个系统，那么 MailChimp 是一款相当出色的服务软件，特别适合制作简单又可靠的自动发送的电子邮件广告。

　　如果你有一份庞大的列表，想要对受众进行分割，同时要提供一套电子商务解决方案、利用先进的策略并创造出一种可观且强大的电子邮件力量，那么推荐使用 Infusionsoft。故事品牌用 Infusionsoft 取得了巨大的成功。我们在 Infusionsoft 的朋友正在故事品牌团队的协作下研发确保发出的电子邮件能够得到回应的电子邮件模板。你可以访问 storybrand. com/infusionsoft，了解有关这些电子邮件模板的更多内容。

　　由小做大

　　把电子邮件广告做起来，做得风生水起，可以变成一项令人望而生畏的工作，但是不一定非得如此。确保自己从小处起步。最开始，先打开一个 Word 文档，然后开始编写你的邮件。然后，你就可以把电子邮件粘贴到一个电子邮件的应用程序里。写出第一封邮件是第一步。等你把邮件读给自己听后，就想把它发送给顾客了。这就是开始。不知不觉中，你就会拥有一个可靠的电子邮件系统，它随时随地向你的顾客抛出橄榄枝，就算在你睡觉的时候也不会停止。

故事品牌营销路线图任务之四：搜集并讲述转变故事

我们在本书前文中已经讲过，对于一个引人入胜的故事而言，没有什么比主人公的转变更加根本了。为什么？因为转变是一切人类的核心欲望。那么多的故事都在讲述主人公变成了某种更好的人，原因就在于此。

人们热爱讲述主人公转变的电影，他们也热爱帮他们自己经历转变的企业。而我们展现自己如何帮助顾客完成转变的最好方式之一，就是利用顾客的推荐语。

好的推荐语为顾客提供了一种后手的优势。挑战在于选对种类合适的推荐语，令其可以彰显你的价值、凸显你为顾客赢得的成果并分享跟你合作过的人的体会。单纯索要一份推荐语通常是无效的，因为顾客在默认情况下都会分享他们对你的基本感觉。"南希是个好朋友！我们强烈推荐南希和她的团队！"

这些虽然都是好话，可它们对于讲述一个转变故事而言，几乎不起什么作用，因为它们没有提到：当转变发生后，生活发生了哪些具体的变化。

如果你让顾客为你写一份推荐语，他很可能：（1）因为太忙而不会为了写推荐语进行深度推敲，或者（2）是个不合格的写作者或传播者。

编织出一则关于转变的迷人传说，意味着你不得不提出正确的问题——你需要某些有待加工的原始材料。下面这些问题能让你造起一道诱人的推荐语大坝，可以便捷而轻松地用在几乎每一位顾客身上。

这些问题之所以有用，是因为它们"引导"顾客打开了一条特定的思路。用这些问题制作一张表格，让顾客填写。等他们填完这张表格，沿着句子的自然流动，你就能通过复制粘贴，组织出一个顾客的案例故事。

这些问题也可以用来制作推荐视频。只要把顾客邀请过来，用这些问题来采访他们就可以了。等视频剪辑、后期处理完成以后，你就可以把视频挂在网站上，或者把它放入你的培育型或销售型电子邮件广告里。

下面这五个问题最可能引发顾客推荐语的最好回应：

1. 你在发现我们的产品之前遇到的最大问题是什么？

2. 当你尝试解决那个问题时，感受到了什么样的苦闷和挫败？

3. 我们的产品给你带来什么不一样的感觉？

4. 带我们回到你最初意识到我们的产品能真正有效地解决你的问题的那个时刻。

5. 如今你的问题已经解决了，或者正在解决的过程中，请给我们讲一讲你现在的生活变成了什么样。

你可以看到,这些问题构成的弧线自然而然地勾勒出一个转变故事。一旦你捕获了推荐语,就可以把它应用在任何地方:电子邮件、宣传视频、主题演讲、直播采访、线下活动。有一个季度,我们在"打造故事品牌"播客的每一期节目后,都用一段采访作为结尾,采访对象都是通过应用故事品牌框架转变了自己生意和生活的人。由此得到的反应是令人震撼的。我们的营销工作坊注册人数立即出现飙升!

要点在于,人们都会被转变所吸引。当他们看到别人身上发生的转变时,他们也想在自己身上实现。我们对顾客经历过的转变历程描述得越多,我们的生意就会增长得越快。

故事品牌营销路线图任务之五:制作一个生成客户推荐的系统

随便抓来一位做生意的老板,问一问他们是怎么拓展顾客的,绝大多数人都会告诉你:通过"口碑"。这样看来,似乎每一门生意都有一个让人们口口相传的客户推荐系统。然而遗憾的是,实际上,这种情况极少见。

在你已经制作出一个把潜在顾客导流为实际用户的系统之后,接下来的最后一步就是转过头来,邀请满意的顾客成为你的品牌传道士。但这不是凭空而来的，你必须制作一个系统，邀请并刺激人们把推荐语散布出去。由美国市场营销协会（American Marketing Association）主持的多项研究结果表明，客户推荐与同伴介绍的响应率比其他营销渠道高2.5倍。

如果你已经完成了创建故事品牌脚本这份简单而有趣的工作，那么你的信息就应该再清晰不过了。接下来，是时候启动一个让人们把信息重复给他们的家人和朋友的系统了。

要创建一个有效的客户推荐系统，应该怎么做？让我们一步一步地分开来看。

1. 识别出你现有的理想顾客

在达美乐比萨（Domino's Pizza）现在的网站顶部有一个链接，链接文字是："还没有比萨档案吗？点此创建一个。"这个链接虽然字体很小，却是一个巨大的赚钱通道。那些经常从连锁餐厅点餐的人用这个链接创制出他们心目中完美的比萨，只要输入他们的信用卡信息就可以订购了。然后，达美乐每隔一段时间就给顾客发送一份在此订购的邀请，特别是在重大事件之前，比如重要的橄榄球赛或者周末假期，因为他们知道，顾客在这个时候很可能想要享用他们的产品。

下面，想象一下把这项策略推上一个新的层面。创建一个特别的数据库，收录所有现存的热情顾客，根据他们的特点与他们交流，这样做是不是可以帮你生成顾客推荐呢？还可以举办一次小型的宣传活动，使用那些可以让你的现有粉丝拿来宣传你的品牌的工具，这也抓住了问题的关键。你不但可以进一步提升现有生意，而且这些开心的顾客还将成为一股鲜活的销售力量，邀请他们的朋友加入。

2. 给你的顾客一个传话的理由

几年前，我接受了一家咨询公司的服务。根据这家公司的系统要求，我要提供一份顾客推荐名单。这个要求立刻让我感到很不舒服。我感觉好像他们想让我利用我的朋友，或者更糟，他们想把我转化成他们的销售人员。

话虽这么说，他们提供的服务还是很好的，而且，但凡他们没有用那种方式来提出请求，我很可能就顺他们的意了。说得更具体一点，如果他们创作了一段短小而有教育意义的视频，有可能给我的朋友们带来一些价值，那就再好不过了。相比提交一份我朋友们的电子邮件地址列表，我会更乐意把这段视频传播出去。

可以考虑创建一份 PDF 文档或者一段视频，把它自动发送给现有的客户，并随之附上一封类似下面这样的信：

亲爱的朋友：

诚挚地感谢您与我们合作。有很多客户想要告诉他们的朋友，我们是如何帮助顾客的，但是他们不太确定该怎么做。我们为此专门制作了一段小视频，帮助您的朋友解决 X 问题。如果您有任何朋友遇到了 X 问题，请放心拿出这段视频。我们很乐意跟进他们的情况，而且我们也保证会让您知道我们能不能帮到他们。

我们知道您很珍惜人与人之间的关系，我们也是如此。如果您的朋友正在遭遇我们帮助您解决过的问题，我们很乐意也为他们提供帮助。如果有任何其他需要我们的地方，请一定告诉我们。

南希谨上

P. S. 确实，X 问题会让人们饱受苦闷的困扰。如果您更愿意当面把您的朋友介绍给我们，直接跟我们联系即可。我们很期待与他们见面，他们可以来我们的办公室，我们也可以去他们的工作地点拜访他们。

3. 提供一份奖励

如果你真的想推进这件事，那就为推荐了朋友的现有客户提供一份奖励。我在前文中提到过，我的妻子已经邀请了几十位朋友去尝试蓝围裙，那是一家把半成品食物直接送到家门口的公司。贝特西的很多朋友都喜欢这项服务，于是报了名。每次有人报名的时候，贝特西都会收到蓝围裙的一份奖励。

　　另一种提供奖励的方式是创建一种会员制度。每当你的顾客为你带来一份订单，你可以分给他成单10％的佣金。这种制度已经帮数千家公司赚取了数百万美元的利润。只要你把佣金比例控制好，好的会员制度可以促生一股价值不菲的销售力量。

　　让工作自动化

　　使用 MailChimp、Infusionsoft、HubSpot 或者任何一种电子邮件营销系统，都可以让顾客推荐系统完成自动化，进入一种最简便、最迅捷的状态。你需要做的事情，不过是把所有下过一两次订单的顾客都纳入你的自动化营销活动之中，为他们提供可以传递下去的一段教育视频或者一份 PDF 文档，并让他们在把你介绍给朋友的过程中收获额外的价值、奖励或者佣金。要确保这个系统把下过多次订单的顾客筛选出来，不要让顾客在每次购买的时候都重新经历一次拿腔作调的营销。我们不想冒骚扰顾客的风险。

真实的顾客推荐系统案例

　　构建一个顾客推荐系统很费力，但是相当有效。你可以从下面这些案例中汲取一些灵感。相信我，你很快就会看到努力的回报。

一个学期内推荐三名新用户，则全额退款。这个点子出自一家课后考试辅导机构，他们帮高中生备考 SAT 和 ACT 等大学入学考试；不过，换成眼科医生或者按摩治疗师也没问题。家长们收到一张可以转送给朋友的推荐卡，而他们的很多朋友家里都有年龄相仿的孩子。每当有一张推荐卡被收回，推荐者就可以得到几百美元的奖励，因为这些课程价格不菲！在推荐成功三名新的注册用户之后，推荐者可以获得全额退款。当然，孩子们是在为测验分数而奋斗，但是家长们最后也开始为推荐名额努力奋斗起来，这让那家考试机构的生意一路猛涨。与此同时，全额退款俱乐部的家长和学生还能享受到专属的特别讲座。

邀请朋友礼券。当学员们报名参加高尔夫球课程时，练习场给每个新学员发放了几张免费礼券——可以赠送一位朋友一筐免费的高尔夫球。虽然高尔夫是个人项目，但是因为人们总是喜欢一起打球，所以它也是一种社交型体育活动。这门课程通过有效的口耳相传，使得报名人数增加了 40%。

家庭招待会。每当一位地产承包商完成了一项大规模的工程，他都会征求房主的意见，问他们是否愿意用举办一次家庭招待会的方式换取一点购房折扣。朋友、家人和邻居纷纷受邀来到新建的露台上野餐，而承包商借此机会向他们解释自己的工作并分发名片。只需要几场家庭招待会，这位承包商接下来一年的日程就已经排满了。

附赠免费拍照。纽约州锡拉丘兹市的一位婚纱摄影师为新婚夫妇赠送一张免费的结婚周年纪念照，前提是这对夫妇在婚礼时推荐三名新的客户。她还带着名片到婚宴现场跟进，逢人便讲给这对新婚眷侣拍照是一次多么美妙的享受。不用说，她的生意蒸蒸日上，因为参加婚宴的宾客当中不乏很快就会结婚的人。

你的营销方案是什么？

我在20多岁的时候，有一整年的时间都痴迷于下象棋。我几乎每天都会跟一位朋友在一家咖啡馆碰面，然后大战两三个小时。我的技术不断进步，终于渐渐开始赢多输少，直到另一位朋友露面：他每次都能打败我，通常在20步以内解决战斗。

原因何在？我对于象棋的哲学已经了解得够多了，可是我没有一个所谓的**开局**。在坐下来开始下棋之前，我那位技艺高超的对手就已经计划好了他的前五步。这种开局策略是他赢棋的关键。等我也记住了属于自己的几种开局之后，我又开始品尝到胜利的滋味。

如果说故事品牌框架是一个基座，那么构成故事品牌营销路线图的五种营销策略就是你的开局。这五种简单有力的工具已经被无数家企业使用过，他们也看到了收益的增长。

再说一遍，可以把这张路线图当作一张检查表。等创建好你的故事品牌脚本以后，动手执行这张路线图上的每一步，你将看到顾客接踵而来，公司蓬勃发展。

如需聘请一位故事品牌的持证导师帮助你实施你的故事品牌营销路线图，请访问 www. clarifyyourmessage. com。我们的名录可以帮助你找到一位故事品牌持证导师（营销教练）、故事品牌持证广告文编写员、网页设计师、视频制作人、印刷员乃至一个完整的设计代理团队。不要再把钱浪费在无效的市场营销上了。聘请某些知道如何编写一条清晰信息的人来帮助你吧！

故事品牌不会从我们的任何一位持证代理人手中收取销售分成。

后　记

很遗憾，你不用花太长的时间四处打听就能意识到，那些传播得最清晰的人通常并不一定是拥有最好的产品或服务的人，而且他们也往往不是最合格的领先者。

在故事品牌，我们希望帮助那些真正提供好的产品或服务，而且真正应该领先一步的人，找到属于他们自己的声音。直白地说，我们是想把麦克风交到好人手里，而不是让坏人滥竽充数。为什么？因为如果像你这样勤恳工作的人能够把顾客邀请到他们的故事里，让他们的生活变得更好，那么世界也会成为一个更好的世界。

生意永远都是世界上最强大的力量之一。我们通过生意可以提供工作机会，可以为我们的团队构建一个朝九晚五的社群，可以为出色的人安排有意义的工作，而且更重要的是，我们可以提供产品或服务来解决顾客的问题。

在当今的犬儒主义政治家之间流传着这样一个观念，即：生意是坏东西，商业集团正在摧毁世界。我猜，某些害群之马可能是存在的，但是我没遇见过他们。跟我们合作过的客户只是想要帮助他们的顾客改善生活，而我为有机会帮助他们做到这一点心怀感激。

每天早上睁开眼睛就开始为你的企业发展壮大而努力奋斗，这是一件苦差事。我知道那些无眠的漫漫长夜是什么滋味：不知道怎样才能尽快盈利，好让手下的每个人都不必离去。故事品牌框架就是为了减缓这种压力而诞生的。有了它，你能在市场上发出自己的声音、壮大你的生意并转变顾客的生活。我真心感谢你正在做的工作。你的工作是很重要的。

这是真的：如果你含混，你就会输。但是，如果你清晰地阐明了你的信息，顾客就会聆听。

让我们为了帮助好人获胜而举杯。因为在一则好的故事里，好人总是能获胜。

致 谢

我要感谢蒂姆·舒勒（Tim Schurrer）、凯尔·莱德（Kyle Reid）、库拉·卡拉汉（Koula Calahan）、艾弗里·索巴（Avery Cscorba）、J. J. 皮特森（J. J. Peterson）、查德·斯纳弗里（Chad Snavely）、苏珊娜·诺曼（Suzanne Norman）、马特·哈里斯（Matt Harris）、布兰登·迪克尔森（Branden Dickerson）、蒂姆·阿诺德（Tim Arnold）、马特·奥尔索夫（Matt Olthoff）和贝特西·米勒（Betsy Miller）帮助我创建了故事品牌。他们以我们的客户的名义不懈努力，已经帮助数千家企业与顾客建立联系、扩招员工和解决顾客的问题。我们的团队成员之间不仅是同事，还是家人。

我还要感谢麦克·金（Mike Kim），他帮助我把这本书编辑成型。麦克花了好几周的时间反复打磨这本书，让它的每一页都变得更好。哈珀-柯林斯出版社的韦伯斯特·扬思（Webster Younce）、希勒·斯科尔顿（Heather Skelton）和布里吉塔·诺尔特克（Brigitta Nortker）的细心编辑和严格审校也为这本书贡献良多。

我要特别感谢布兰登·迪克尔森，他帮我为这个框架填充了丰满的商业案例。本·奥特利普为我提供了如何在大型组织实施故事品牌框架的宝贵反馈。我对于他帮助我们创建故事品牌文化项目深表感激，同时，我在第 13 章也提到过他其他的贡献。本有能力领导大型企业执行多重面向的项目，让它们克服叙事空隙并看到收益结果，这为我们所有人都提供了格外有益的启发。

最后，谢谢你。谢谢你有勇气制造东西、卖东西——为了解决顾客的问题，为了帮助主人公找到回家的路，并把顾客的故事放在了自己的故事之上。就像我在最开始时说的那样，愿你因你的努力获得丰厚的回报。

来自实践者的反馈

在我们使用故事品牌之前,顾客在我们提供的产品中看不到自己。我们是一家人力派遣公司,专门帮助其他企业发现和聘用合适的人才。我们帮企业贴出招聘启事,检验候选人,并提供申请进度跟踪软件。遗憾的是,我们传播的信息都是关于我们自己的。我们一直在谈论我们的强项,而不是顾客的需要。同时,我们的营销材料太过复杂,不容易理解。从故事品牌请来一位导师之后,我们把信息清晰化了,并让它围绕着顾客展开。我们修订了销售流程,开始倾听顾客的需求,询问他们的外部问题,以及这些外部问题在他们日常工作中给他们带来了什么感受。效果是立竿见影的。我们在 12 月创建了自己的品牌脚本,然后又用了两个月的时间把新信息灌输到顾客旅程的每个部分。不到 7 个月的时间,我们的整体收益已经实现了 118% 的增长。没错,这就意味着我们的销售量翻了一番有余。我们的付费用户量也在同一段时间内提高了 275%。而且我们依然在不断提升。在最近的 6 个月里，我们每个月的收益都提高了 9%，这真是了不起！

——艾德温·简森（Edwin Jansen），FITZII市场营销总监

利普斯科姆大学（Lipscomb University）是东南部发展最快的大学之一，所以要想让我们学校所有的故事清晰而使命明确，绝非易事。我们知道这一点很重要，所以我们请故事品牌为我们的全体员工举办了一期工作坊。毫无疑问，这期工作坊帮助我们理解了我们是谁、我们在服务谁以及我们在传播自己提供的价值时需要些什么。在故事品牌干预之后，每个院系都感觉他们是利普斯科姆的伟大故事的一条支线情节。我们通过社区外展服务可以最明显地看到改变的结果。我们不再把自己定位成主人公，而是开始为纳什维尔更广泛的集体愿景服务。所有这些努力在一场名为"想象"的系列活动中达到了顶峰，我们在一系列活动中邀请到了纳什维尔市的市长、州长比尔·哈斯勒姆（Bill Haslam）和总统乔治·布什，让他们讲述纳什维尔市和利普斯科姆大学如何能够为世界作出贡献。我们不再谈论我们自己，而开始作为一名向导，为身边的人群服务。自从这次戏剧化的转变之后，围绕着一个由利普斯科姆参与的更加远大的愿景，新的能量诞生了，我们收到了超过 5 000 万美元的捐款，用于学

校的发展。不得不说，这简直太神奇了。

——约翰·劳里（John Lowry），
利普斯科姆大学常务发展副校长

在接触故事品牌之前，里德奶业（Reed's Dairy）的人都认为我们应该告诉人们我们是谁。我们的市场营销既笨重又尴尬，而我们的电子邮件转化率也在下降。这让我晚上都睡不着觉。我购买了故事品牌的在线课程，立即把它的框架用了起来。我们有一个年度的宣传活动，届时会出售一些小小的牛奶优惠券，让人们可以提前购买我们的牛奶，每次20加仑。我们通过这种电子邮件广告卖出的产品最高价值有3 000美元。我们每年只搞一天这种活动，所以我们觉得3 000美元已经相当不错了。我想知道故事品牌框架有没有可能帮我们做得更好。我用自己在工作坊学来的东西编写了那一年的电子邮件。结果是令人难以置信的：我们在一天内接到了价值52 000美元的优惠券订单。我们从来没见过这种事。我买了机票，飞到纳什维尔去参加下一期线下的工作坊，然后购买了他们的文案写作课程。我们的电子邮件转化率翻了不止一番。在过去几个月里，我们的特产产品销售额提高了12.5%。我们在应用这个框架的每一个地方都看到了成果，包括我们的零售店和冰激凌部门。我现在的睡眠质量好极了。

——阿兰·里德（Alan Reed），里德奶业首席执行官

我被邀请去做一次 TED 演讲，介绍我在推广用于治疗癌症的质子疗法方面所做的工作。当我整理自己想要谈到的数量庞大的资料时，我意识到这项工作太宏大了。我根本不可能把我想要说的所有东西压缩到一个 18 分钟的演讲里。可在跟一位故事品牌导师聊了一天之后，我又重新燃起了希望。我们在一块白板上规划了我的演讲，而我也统一把绝大多数我想要讲的东西拿掉不用。那次演说很容易被人记住，像一则短篇故事一样流畅，而且从头到尾都抓住了听众的心。故事品牌并没有仅仅帮助我准备我的 TED 演讲，他们还帮我理解了如何更好地开展我正在进行的推广活动。归根结底，就是要用简单可重复的信息抓住听众。要是没有故事品牌，我可能永远都不能清晰地阐明我的信息，并给听众讲到我如此深刻关怀的这份事业。在故事品牌的帮助下，我祭出了一记本垒打，或者更恰当地说，我打出了一套三连击。

——斯科特·汉密尔顿（Scott Hamilton），奥林匹克金牌得主，斯科特关爱基金创始人，三次癌症的幸存者

"这些数字有面孔"（These Numbers Have Faces）是一家非营利组织，旨在为撒哈拉沙漠以南的非洲地区提供平等的教育机会。在那个地区，只有5%的居民能上大学。在遇到故事品牌之前，我们最大的问题在于，我们是在扮演主人公的角色。我们一直在谈我们的非营利组织，而对于我们的学生或者捐款人谈得很少。当我们真的谈起学生的问题时，也更多是在谈他们的外部问题，而不是他们的内部问题。现在我们已经知道，那是一种非常有限的传递信息方式。在参加了故事品牌的工作坊以后，我们把信息彻底修改了一遍。我们开始在电子邮件里把捐赠者与关于使命的叙事联系在一起；而在社交媒体上，我们讲述的是我们的学生主人公的故事。我们使用故事品牌脚本草拟了年终报告，收获了惊人的关注度。如今，我们的募捐之路比以往任何一年都更加平坦。我们已经把募捐任务远远甩在了身后。在进入下一年时，我们将拥有从未有过的现金优势。团队、捐赠人和学生们的士气从未如此高涨。

——贾斯汀·佐拉迪（Justin Zoradi），

"这些数字有面孔"执行主管

当创业领导力（EntreLeadership）从一个基本只提供现场活动服务的品牌发展成为一个羽翼丰满的为小企业主提供

教练服务的机构时，我们开始感受到来自如何解释我们所做之事和做事方式的挑战。尽管我们几年以来一直都在编写广告文案和维护更新网站，但现实的情况是：在绝大多数时间里，我们只是在猜测表述东西的最好方式是什么。结果就是，人们没有按照我们想象的方式理解我们的教练服务。这相当令人苦闷，因为我们的项目价值在我们自己看来再明显不过了。我们的错误在于假定它在我们的顾客眼中也是显而易见的。我们是清楚的……但他们是糊涂的。这可不行。我知道我们有能力跟我们的受众展开更多的对话，建立更有效的联系，但是我不太确定怎么才能真正做到，直到我们请来了一位故事品牌导师。我们整个团队安下心来，透过故事品牌框架的镜片重新审视了我们的整个世界，然后透彻地明白了如何解释我们的教练服务。创业领导力获得了显著的成长，而我们也预计在接下来的两年里会员数会翻番。故事品牌框架是一份无价之宝，如今，我希望我们的营销员把它运用到我们创造的每一样东西之上。

——丹尼尔·塔尔第（Daniel Tardy），创业领导力之
拉姆齐解决方案副总裁

在玛丽·梅（Marie Mae），我们卖的是漂亮的纸制品和办公用具。在遇到故事品牌之前，我们的市场营销工作是一

团乱麻。我有一次偷听到一个好朋友谈论起玛丽·梅公司……可那跟我们正在做的事情根本不沾边儿。我通过参加一期故事品牌营销工作坊，认识到我们在营销文案中说的东西都不对。这对于我们的起步而言，具有改变命运的意义。我们使用他们的框架，把我们的信息简化成一条宣传语："你正在你的办公桌前改变世界。你的办公用品难道不也应该一样吗？"我们开始更多地聚焦于顾客正在做的有意义的工作，向他们展示他们如何能够通过选用可靠的办公用品来更有力地影响世界。我们用SB7框架简化了网站，而我们所有的营销电子邮件也都通过了SB7的过滤筛选。在我们应用了故事品牌框架之后的一年里，我们的收益提高了20倍。我们把产品送到了12万人手中。我们认为，这份成就的大部分功劳都记在故事的清晰性以及营销信息的改变上。我们心怀感激。

——吉莲·莱恩（Jillian Ryan），玛丽·梅公司创始人

在遇到故事品牌前，我感觉我的市场营销正处于溃败的边缘。我觉得我的生意已经触到了天花板。可是，从头到尾研究了这个框架之后，我才明白，原来是我一直在用错误的方式谈论我的项目。我使用故事品牌框架重新制作了我的销售材料，从零开始。重新思考整件事相当费劲儿。我如履薄

冰，对营销材料的关键部分进行了一些修改，确保它们直接说出客户的需求。我用我的新销售材料重新启动了我的项目，收获了巨大的反响。一场通常能够带来 6 000～9 000 美元收入的宣传活动，竟然收获了超过 40 000 美元。故事品牌是我所见过的营销项目里最具实用性、可操作性和可执行性，最符合逻辑、最简单、最有用的一个。它正在方方面面地改变着我的生意，而我正刚刚起步。

——珍妮·施（Jenny Shih），商业教练

当我们试图回答"你是做什么的？"这个问题时，常常会陷入巨大的含混之中。关于自己的工作，我们拥有体量巨大的可供组织的知识，需要至少一个小时才能传达给别人，这常常让我们十分苦恼。作为一家刚刚起步的非营利组织，我们的收益（募捐数额）几乎不足以保障我们继续坚持下去。我们知道，这其中很大一个原因就是：我们的模型有一点复杂，它不能清晰地传播，而总是让潜在的捐款人困惑不已。我们冒着风险，选择把整个美国部的团队（三个人）送到故事品牌去学习——鉴于我们手头的钱已经不多，这真的是一场冒险。我们离不开故事品牌。在跟随故事品牌学习的那几天里，我们在传播策略上做出艰难的转型。在两三个月的时间里，我们从一家濒临倒闭的组织变成一家欣欣向荣的

组织。单单在（去故事品牌学习之后的）第四季度里，我们就切切实实地把年收益提高了3倍。如今，Mavuno在刚果民主共和国的业务覆盖范围已经扩大了400％，我们正在帮助数千名当地人民摆脱极端贫困。对于这些在世界上遭受战争荼毒最严重的环境里生活的最脆弱的人类同胞而言，我们正在为他们带来不可忽视的改变。我们的规模已经发展壮大起来，而这在很大程度上都要归功于故事品牌。感谢你们帮助我们改变世界。

——丹尼尔·米亚特（Daniel Myatt），

Mavuno 首席执行官

故事品牌资源一览

故事品牌营销路线图在线课程（一门讲授广告文案写作的课程）

唐纳德·米勒和文案界传奇雷·爱德华兹（Ray Edwards）联手，教你书写一封绝妙的销售信、架构一个网站、创作一句妙语、编写一份电子邮件广告，以及更多。如果想要学会使用故事品牌的方法写出令人拍案叫绝的销售文案，请在 storybrand.com/roadmap 上报名课程。

故事品牌线下营销工作坊

如果你想抽身出来清晰地阐明你的信息，同时希望身边围绕着热情满满的同伴——他们也在为了发展自己的企业而努力，那么请报名参加我们的线下工作坊。我们的导师会为你呈现无数个成功的营销案例，并训练你掌握为你的企业创建完美的品牌脚本的能力。不仅如此，我们还会回顾简单营销技术里最好的实践方式，为你提供一个前进的方案。请两天假出来，把这本书中描述的整个流程走完，为动手实施做好准备。我们的线下工作坊能给你看得见的成效。现在就到

storybrand.com 报名工作坊吧。

故事品牌私人工作坊

要想整饬你的团队、壮大你的生意、降低营销成本并创造出一种激发并启迪你的团队的通用语言，接下来的一步就是要带领你的人学习故事品牌框架。你将用两天的时间清晰地呈现你的故事品牌脚本，同时让你的团队保持步调一致，我们的导师甚至会在你的品牌脚本创建完毕后审阅你现有的营销材料。私人工作坊全程需要一天半的时间，你的公司将从此变得不同。访问 storybrand. com/privateworkshop 了解更多。

成为故事品牌的持证导师

如果你想通过帮助人们清晰地阐明他们的信息，并执行故事品牌营销路线图来给出最好的营销建议，那就申请成为一名故事品牌的持证导师吧。故事品牌导师需要通过一套面试流程才能获得认证，然后就会被列入我们的名录。拥有营销和信息天赋的人、想要开启教练生涯的人以及想要提升自身价值的教练，欢迎你们前来申请。想要让团队中的某些成员获得认证的企业也可以申请。访问 storybrand. com/guide 了解更多。

故事品牌广告文案编写员认证

故事品牌客户通常需要一名广告文案编写员，而如果你想成为其中一员，只参加在线课程是不够的，还必须得到认证。唐纳德·米勒和雷·爱德华兹联手创建了一套扎实的认证课程，将把你打造成材，保证你能够编写真正有效的文案。作为故事品牌的持证广告文案编写员，你将理解如何架构一个网站、创作一句妙语、编写一份电子邮件持续广告和书写一封绝妙的销售信，以及更多。而一旦你获得了认证，就会被列在我们的网站上，这样潜在的顾客就能够发现你了。每年只有一小部分精挑细选的广告文案编写员能够获得认证。这份认证可以通过我们的课程和一个评估考试在线完成。你只需要在 storybrand. com/copywriter 上注册即可。

故事品牌代理人认证

如果你有一家设计代理机构，想要使用 SB7 框架为你的客户创作营销材料，那么可以参加我们的代理人认证项目，列入我们的代理人认证数据库。每个项目都根据不同的代理机构进行订制，这取决于你的团队有多少名设计师、广告文案编写员和项目经理。想要了解更多，请访问 storybrand. com/agency。

故事品牌文化项目

大型企业从来没有像今天这样支离破碎。随着一家企业成长和成功，故事情节通常都会开始渐渐迷失。我们的文化项目帮助大型企业创作一个统摄全局的故事品牌脚本，为每个部门创作各自的品牌脚本，设计在全企业执行品牌脚本的培训课程，并订制一套可以从根本上改变组织**想氛**的方案。我们的文化项目与个体的企业合作，创造订制化的策略，保证你的整个团队步调一致，作为一个统一的整体行动，直奔你的使命前进。如果你的团队成员无法充分理解你邀请顾客进入的故事，现在就预约一次文化分析吧。预约文化分析，请点击 storybrand. com/culture。

参考文献

第 2 章　让你的业务蓬勃发展的秘密武器

①Samantha Sharf，"The World's Largest Tech Companies 2016：Apple Bests Samsung，Microsoft and Alphabet，" Forbes. com，May 26，2016，http：//www. forbes. com/sites/samanthasharf/2016/05/26/the-worlds-largest-tech-companies-2016-apple-bests-samsung-microsoft-and-alphabet/♯2b0c584d89ee.

② Alfred Hitchcock：Quotes，IMDB，http：//m. imdb. com/name/nm0000033/quotes.

第 3 章　简洁版 SB7 框架

① "Great Presentations：Understand the Audience's Power，" *Duarte*，http：//www. duarte. com/great-presentations-understand-the-audiences-power/.

②Ronald Reagan，"Farewell Address to the Nation，" January 11，1989，The American Presidency Project，http：//www. presidency. ucsb. edu/ws Z?pid＋29650.

③ "President Bill Clinton—Acceptance Speech，" *PBS Newshour*，August　29，1996，http：//www. pbs. org/newshour/bb/politics-julydec96-clinton _ 08-29/.

④Claire Suddath，"A Brief History of Campaign Songs：Franklin D. Roosevelt，" *Time*，http：//content. time. com/time/specials/packages/article/0，28804，1840998 _ 1840901，00. html.

第4章 一个人物

① Viktor E. Frankl，*Man's Search for Meaning* （Boston：Beacon Press，2006）.

第5章 遭遇一个问题

①James Scott Bell，*Plot & Structure：Techniques and Exercises for Crafting a Plot That Grips Readers from Start to Finish* （Cincinnati，OH：Writer's Digest Books，2004），12.

② "Why CarMax?，" CarMax. com，accessed February 10，2017，https：//www. carmax. com/car-buying-process/why-carmax.

③ "The Just 100：America's Best Corporate Citizens，" *Forbes*，May 2016，http：//www. forbes. com/companies/carmax/.

第6章 得遇一位向导

①James Scott Bell，*Plot & Structure：Techniques and Exercises for Crafting a Plot That Grips Readers from Start to Finish* （Cincinnati，OH：Writer's Digest Books，2004），31 - 32.

②Christopher Booker，*The Seven Basic Plots：Why We Tell Stories* （London：Continuum，2004），194.

③Ben Sisario，"Jay Z Reveals Plans for Tidal，a Streaming Music Service，" *New York Times*，March 30，2015，https：//www. nytimes. com/

2015/03/31/business/media/jay-z-reveals-plans-for-tidal-a-streaming-music-service. html.

④Ibid.

⑤ "Clinton vs. Bush in 1992 Debate," YouTube video，4：08，posted by "Seth Masket," March 19，2007，https：//www. youtube. com/watch?v=7ffbFvKlWqE.

⑥ Infusionsoft home page，accessed February 9，2017，https：//www. infusionsoft. com.

⑦Amy Cuddy，*Presence：Bringing Your Boldest Self to Your Biggest Challenges* （New York：Little Brown and Company，2015），71 - 72.

第 7 章　为他提供一套方案

① "Why CarMax?," CarMax. com，accessed February 10，2017，https：//www. carmax. com/car-buying-process/why-carmax.

②Arlena Sawyers，"Hot Topics，Trends to Watch in 2016," *Automotive News*，December 28，2015，http：//www. autonews. com/article/20151228/RETAIL04/312289987/hot-topics-trends-to-watch-in-2016.

第 9 章　帮助他免于失败

①Susanna Kim，"Allstate's 'Mayhem' Is Biggest Winner of College Bowl," ABC News，January 2，2015，http：//abcnews. go. com/Business/allstates-mayhem-biggest-winner-college-bowl/story?id=27960362.

②Daniel Kahneman and Amos Tversky，"Prospect Theory：An Analysis of Decision under Risk"（*Econometrica*，47（2），March 1979），263－91，https：//www. princeton. edu/～kahneman/docs/Publications/prospect _ theory. pdf.

③Dominic Infante，Andrew Rancer，and Deanna Womack，*Building Communication Theory*（Long Grove，IL：Waveland Press，2003），149.

④Ibid. ，150.

第 10 章　最终获得成功

①Stew Friedman，"The Most Compelling Leadership Vision," *Harvard Business Review*，May 8，2009，https：//hbr. org/2009/05/the-most-compelling-leadership.

第 11 章　人们想让你的品牌参与他们的转变

①"Hello Trouble," Vimeo video，1：44，posted by Adam Long，February 13，2013，https：//vimeo. com/59589229.

第 13 章　如何通过故事品牌转变一家大型组织

①The Gallup Organizaion（1992—1999）. Gallup Workplace Audit，Washington，DC：U. S. Copyright Office.

②Susan Sorenson and Keri Garman，"How to Tackle U. S. Employees' Stagnating Engagement," Gallup，June 11，2013，http：//www. gallup. com/businessjournal/162953/tackle-employees-stagnating-engagement. aspx.

图书在版编目（CIP）数据

你的顾客需要一个好故事/（美）唐纳德·米勒（Donald Miller）
著；修佳明译．—北京：中国人民大学出版社，2018.6
书名原文：Building A Storybrand
ISBN 978-7-300-25767-9

Ⅰ.①你…　Ⅱ.①唐…　②修…　Ⅲ.①企业管理-销售管理
Ⅳ.①F274

中国版本图书馆 CIP 数据核字（2018）第 087969 号

你的顾客需要一个好故事
［美］唐纳德·米勒　著
修佳明　译
Ni de Guke Xuyao Yi Ge Hao Gushi

出版发行	中国人民大学出版社	
社　　址	北京中关村大街 31 号	**邮政编码**　100080
电　　话	010 - 62511242（总编室）	010 - 62511770（质管部）
	010 - 82501766（邮购部）	010 - 62514148（门市部）
	010 - 62515195（发行公司）	010 - 62515275（盗版举报）
网　　址	http://www.crup.com.cn	
经　　销	新华书店	
印　　刷	德富泰（唐山）印务有限公司	
开　　本	890 mm×1240 mm　1/32	**版　次**　2018 年 6 月第 1 版
印　　张	9.375 插页 2	**印　次**　2024 年 11 月第 13 次印刷
字　　数	140 000	**定　价**　68.00 元

讲故事，战商界 实战三部曲

会讲故事、自我驱动、做人生故事的英雄，你的事业和生活将无往不利。唐纳德·米勒"实战三部曲"让你从入门到高手、从思维到行动，成为真正的人生赢家。

《你的顾客需要一个好故事》

作者：【美】唐纳德·米勒

定价：68.00 元

ISBN：978-7-300-25767-9

页码：289

- ◆ 亚马逊五星好评，畅销经管图书。
- ◆ 让顾客成为故事的主人公，是那些现象级公司成功的秘诀之一。
- ◆ 《纽约时报》畅销书作家、亚马逊五星好评作者唐纳德·米勒，手把手教你打造故事品牌。

《商业至简：60 天在早餐桌旁读完商学院》

作者：【美】唐纳德·米勒

定价：69.00 元

ISBN：978-7-300-30584-4

页码：268

- ◆ 学会价值驱动型人才的十种性格特质
- ◆ 掌握十大商业技能：领导力，生产率，战略，信息，市场营销，沟通，销售，谈判，管理，执行。

《英雄之旅：把人生活成一个好故事》

作者：【美】唐纳德·米勒

定价：78.00 元

ISBN：978-7-300-33075-4

页码：316

- ◆ 英雄选择过有意义的人生。他们直面挑战，敢于做出改变，知道自己想要什么。
- ◆ 像英雄一样生活，不做受害者和反派，你的人生将会活出一个好故事。